Puentes

Antología del primer certamen literario
en español Seattle Escribe
2017

Título de la obra: Puentes
Antología del primer certamen literario en español Seattle Escribe

Copyright Seattle Escribe
www.seattleescribe.org
Teléfono: 360-329-2516

Dirección y edición:
Adriana Estrada-Bataille
Nora Girón-Dolce

Ilustraciones: Fulgencio Lazo
Diseño: Luna Egido-Martín

ISBN: 978-0-9974642-9-0

Puentes

Antología del primer certamen literario
en español Seattle Escribe
2017

INTRODUCCIÓN

Alguna vez mi profesor de literatura preguntó ¿Qué creen que significan las letras para un escritor? ¿De dónde nace su atracción por crear historias? En mi caso, la escritura se inició como una aventura personal, un acto de rebeldía, una excusa que provocó desarrollar mi imaginación y curiosidad.

Un día, abandoné la adolescencia y la burbuja donde habitaba se enfrentó a la celeridad de la vida; entonces me descubrí mortal. Saber que mi estadía en este mundo un día se consumiría, me intimidó tanto que me arriesgué a volar por diferentes vientos, deseando que el tiempo no se me escapara. Comencé a crear historias exponiendo criterios, convicciones y también contradicciones.

Me convertí en devoradora de libros con una mirada atenta a los pensamientos escondidos detrás de cada escena. Entusiasmada, comencé a curiosear entre los autores que penetraron en la toma de conciencia social por parte del pueblo latinoamericano. Fuentes, Vargas Llosa, Cortázar, Paz, Neruda, Rulfo… ¿Quién podría resistir la tentación de leer sus plumas inmortales?

El tiempo transcurrió y nuevos autores me acompañaron, confirmando la transformación constante del mundo. Continué mi camino por la escritura y un sinfín de casualidades me unieron a un grupo de escritores. Coincidimos en enfrentar el desafío de impulsar la escritura creativa en español en el medio anglosajón en que nos encontramos. Con tiempo, dedicación y gracias a la participación de los entusiastas por las letras, creamos esta antología, páginas donde los escritores hispanos pudieran exponer los frutos de su creatividad.

La pasión por la escritura en español sin duda se ha fortalecido gracias a la producción de literatura que entiende y valora la idiosincrasia de nuestros pueblos. Vincularnos en una lengua comunitaria que nos habla de una misma herencia cultural y étnica se ha convertido en un legado.

PUENTES es una muestra tangible del interés por reafirmar y difundir la escritura creativa; es una antología conformada por la sensibilidad y creatividad de cuarenta escritores que han estampado en ella una extensa gama de matices; una invitación a superar los temores, desafiar los retos, y potenciar la creación en español.

A lo largo de la historia, las voces de los escritores han revelado anhelos y decepciones en sus relatos y poemas; y en ellos han plasmado tanto las preocupaciones de su más íntima conciencia como las de su conciencia social. Las obras de muchos autores actúan como un eco que hace recordar, meditar y reevaluar el pensamiento de sus lectores. Las palabras del mexicano Juan Rulfo, a cien años de su nacimiento, son muestra de una inspiración que perdura. En su "El Llano en Llamas" de 1953 nos obsequia una frase que encierra el pensamiento que impulsó esta antología.

"Lo que tenemos que hacer por lo pronto es esfuerzo tras esfuerzo para ir de prisa detrás de tantos como nosotros y delante de muchos otros. De eso se trata. Ya descansaremos bien a bien cuando estemos muertos"

PUENTES es una referencia sólida que permite que aparezcan y se redescubran autores contemporáneos. El tiempo dedicado a componer esta antología, ha tenido un solo propósito: continuar la marcha para que el apoyo mutuo prevalezca.

Adriana Estrada-Bataille

INTRODUCCIÓN

Llegué a vivir a Seattle en el verano del año 2007. Recién egresada de la universidad y aún con mis lecciones aprendidas en las aulas de la U.N.A.M. frescas en la cabeza, me moría por encontrar gente que compartiera mis inclinaciones literarias. Me hormigueaban las manos sobre el teclado, quería escribir, leer, analizar, discutir, pero, sobre todo, quería seguir aprendiendo. No tardé mucho tiempo en descubrir que los caminos para la escritura creativa en español en esta parte del mundo distaban mucho de estar abiertos.

Me di por vencida en aquel momento sin saber que aquellos caminos que yo buscaba recorrer estaban ya, siendo planeados y trazados por otras personas que, con paciencia, esperaban que el tiempo fuese propicio y que el tiempo de lluvias terminara para las letras en español en el Noroeste de Estados Unidos.

La espera para mi terminó siete años después, un sábado 4 de febrero en una pequeña sala de la biblioteca central de Seattle en donde aquellas pacientes personas sembraron las primeras semillas de lo que tiempo después, se convertiría en el primer grupo literario de escritores en español de nuestra área: Seattle Escribe.

PUENTES es desde mi punto de vista, el resultado de una serie de valientes pasos y movimientos metódicamente ejecutados en el tiempo y espacio correctos, por diferentes personas, amantes defensores de nuestro idioma y de las letras, que quizá en su momento no estábamos conscientes de que trabajábamos por un mismo fin.

PUENTES es al mismo tiempo dentro de mi corazón, un sueño hecho realidad: Un certamen literario que involucraba a todos los escritores en español del estado de Washington, avalado por instituciones serias, dando como resultado una lista de cuarenta ganadores y la publicación de una antología cuyo contenido carga con el sentir de cuarenta valientes hombres y mujeres que vertieron sus emociones en hojas de papel y permitieron que un montón de extraños observaran los resultados. Visión imposible para mí en 2007 y un hecho tangible diez años después.

El resultado de todos estos pasos está ahora aquí en tus manos querido lector. Disfrútalo con el mismo amor y entusiasmo con que fue creado y léelo con la convicción de que este es el inicio de un movimiento cultural que será un espacio abierto para todos aquellos escritores amantes del español que en algún momento se encuentren en este rincón del mundo llamado Seattle.

Nora Girón-Dolce

AGRADECIMIENTOS

La mesa directiva de Seattle Escribe y el comité organizador del primer certamen literario en español a nivel estatal, deseamos agradecer por su tiempo y trabajo a las siguientes personalidades e instituciones:

Consulado de México en Seattle. Cónsul Roberto Dondisch. Asuntos culturales. Moisés Himmelfarb. Seattle Public Library. Marcela Calderón Vodall. King County Library System. Teresa Luengo-Cid. Hugo House. Molly Woolbright. Christine Texeira. Smart Ventures. Jenny Crooks. La Raza de Noroeste. Álvaro Guillén. El Siete Días. Raúl Pérez. Jurado Calificador: José Ovejero, Claudia Castro Luna. Josefa Báez-Ramos. El Rey 1360 A.M. Jorge Madrazo. Sandra Maqueda. Paco Díaz. Actitud Latina. Gabriela González. Karina Gasperin. Asesoría: Jacque Larraiznar, Ruth Darnell, Rita Wirkala, María Guillman. Guadalupe Carmona.

Deseamos dedicar un especial agradecimiento al diseñador Manuel Carmona Carmona y a la diseñadora Julieta Torres por su invaluable ayuda, su laboriosidad y su talento.

El diseño y edición de esta primera antología de ganadores Seattle Escribe fue posible gracias al trabajo y constante apoyo de la mesa directiva 2016-2017 que se encuentra conformada por: Yunuen Castorena. Elena Camarillo. Fernando Iván González. Adriana Estrada-Bataille. Nora Girón-Dolce. José Luis Buen Abad.

ACERCA DEL JURADO

Claudia Castro Luna es la primera poeta cívica de Seattle (2015-2017). Nació en El Salvador y llegó a los Estados Unidos en 1981. Es autora del libro de capítulos, This City, editada por Floating Bridge Press.

Sus escritos de no ficción han aparecido en Soccer América, la antología de los escritores de Jack Straw de 2014 y están disponibles en La canción errante: escritura centroamericana en los Estados Unidos, editada por Tía Chucha y en Puntos de fuga, Narrativa salvadoreña contemporánea, editada por Kalina Editor's, Claudia vive en inglés y en español y comparte una casa en Seattle con su esposo y sus tres hijos.

José Ovejero es un escritor español nacido en Madrid. Ganador del premio Alfaguara de novela 2013 con su obra La invención del amor y el premio Primavera 2005 por Las vidas ajenas.

José es licenciado en Geografía e Historia. Conferenciante frecuente y colaborador de prensa, ha impartido talleres literarios en reconocidas universidades como: Berkley y Carleton College. Ha trabajado como intérprete en Bruselas, donde reside actualmente y ha tocado todos los géneros literarios con sus obras: desde poemarios hasta libros de viajes, ensayo o relatos, además de varias novelas. Algunas de sus obras han sido traducidas al alemán, italiano, portugués y neerlandés.

Josefa Báez-Ramos es doctora en Filología Hispánica por la Universidad de Salamanca, España, y catedrática de Lengua española y Literatura. Es autora de libros y artículos relacionados con la literatura del exilio español de 1939, crítica literaria y métodos de enseñanza del español.

En el año 2004 el Ministerio de Educación español la nombró Asesora Técnica Docente para los estados de Washington y Oregón, a través de la Embajada de España en Estados Unidos.

Entre los premios que Josefa ha recibido se encuentran el ProLingua Award (2006, WAFLT), The 2008 Outstanding Contribution to the Teaching of World Languages in the Pacific Northwest Award (PNCFL) y el Continued Distinguished Services Certificate (2008, WAFLT).

ACERCA DEL ILUSTRADOR

Fulgencio Lazo es un Pintor mexicano que propone la importancia de conservar las tradiciones y el orgullo por sus costumbres conjugando un aura de misterio y ensueño, en la que coexisten en pasmosa armonía el presente y la memoria ancestral, la tradición, y la modernidad.

Nació el 27 de abril de 1966 en el pueblo El Paraíso, Oaxaca, México. Estudió en la Escuela de Bellas Artes de la Universidad Autónoma Benito Juárez de Oaxaca (UABJO) y en la Universidad Cornish College of the Arts en la ciudad de Seattle, Washington.

Ha expuesto tanto individual como colectivamente en Estados Unidos, Japón, China, Francia y en diferentes estados de la República Mexicana.

ÍNDICE

Índice

Puentes

Puente libre

Carlos Víctor Alaniz Flores

Puente libre

Carlos Víctor Alaniz Flores

Fuiste el enlace entre mis dos países,
Entre mis dos culturas,
Entre mis dos hogares.

Fuiste el adiós a mi pobreza,
A mi inocencia,
A mi niñez.

Fuiste el camino a mi nueva vida,
A mi esperanza,
A mi "sueño americano".

Ahora regreso a ti, pero con rumbo al sur,
Para encontrar lo que dejé,
Lo que me falta en mi ser.

Ahora regreso a ti con mi abundancia,
Con mi conocimiento,
Con mi florecimiento.

Vuelves a ser el enlace entre mis dos países,
Entre mis dos culturas,
Entre mis dos hogares.

Eres el camino a mi destino,
A mi sueño de vivir, de ser feliz,
Porque por ti, soy de aquí y soy de allá.

Yo, el puente

Amparo Amezquita

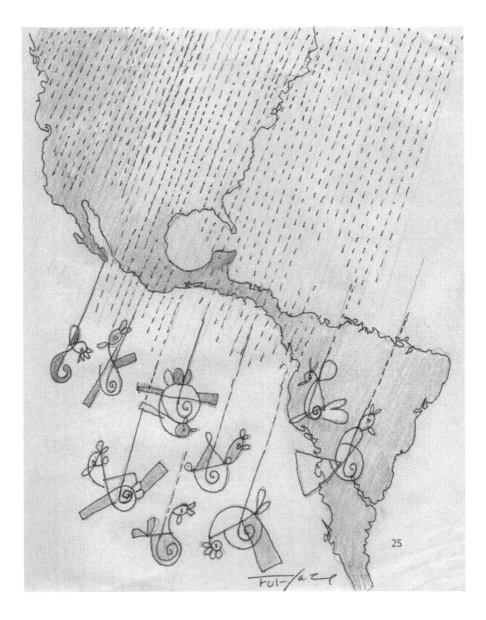

Yo, el puente

Amparo Amezquita

Soy de fierro frío con tirantes para que me meza el viento. Con piel de piedra me pensaron ingenieros medievales. De carrizos y chapopote en Mesoamérica me formaron y con mecates tensionaron mis pasamanos, soy una grapa en la grieta, como un salto en los barrancos.

Es mi madre la intemperie y soy de la humedad un tímido enamorado, me perfumo a oxidado cuando por suerte la lluvia se escurre desde mis cables hasta mis tornillos y tuercas; y rechino. No hay aceite que me quite lo embriagado.

Soy de donde se avientan piedras al río, soy donde el que viene y el que va se ven las caras, doy el mejor final para un suicida. De la huida y el regreso soy la marca.

Punto de referencia soy en un mapa, ironía de separación y unión al mismo tiempo, soy frontera, soy camino de esperanzas.

Un quedado pedestal para la atrevida luna de octubre y de un encanto colorado, enmarco, al desvergonzado sol de mayo.

¡No me tumbes! No me bombardees que me caigo, no me quites del paisaje que embellezco. ¡Retrógrada! Destruyes puentes y haces guerras. No escucha lo tupido de los pasos que me cruzan y con avara necedad ignoras las historias que me sostienen al final de cada lado.

No me tumbes, que despiertas a los despiadados troles que duermen bajo mis arcos, son ciegos y no distinguen de los que no pagan el peaje ni su color ni sus rasgos.

Seguiré siendo glorioso porque fui concebido para recortar tiempo y camino, simbolizando progreso ya sea de amarillo en las noches de octubre o de anaranjado en un atardecer de mayo, siempre dejándome mecer por el viento y enamorando a la lluvia para que los transeúntes se estremezcan con los rechinidos que hago.

Un puente

Melinda Esther Cervantes

Un puente

Melinda Esther Cervantes

Nací de este lado y crecí del otro; es difícil explicar que pertenezco a los dos.

Mi corazón se llena de amor y de orgullo cada vez que veo mi cultura pintada de colores en las artes, en la música, en la comida, en el rostro de mi gente, en las imágenes que en un instante me llevan a lugares y recuerdos que aún viven en mi mente.

Crecí con amor y humilde es mi corazón, que se ilumina cuando escucho a alguien hablar mi idioma español. Aprendí muy chica a respetar a mi bandera, a cantar el himno de memoria, sé un poco de la historia y aunque a veces se me olvida, sé muy bien de la gente que luchó por la justicia y la independencia; siempre serán una gran inspiración.

Nací de este lado y también de aquí soy. Las oportunidades de este país, el trabajo, un pago más "justo", el sueño de tener un mejor futuro para nosotros y nuestras familias, la seguridad y los beneficios sin duda son mejores. Lo más importante, es que aquí, como muchos, también encontré el amor.

Nací en Estados Unidos y crecí en México; regresé al lugar que me vio nacer con el pensamiento de muchos..."solo por un tiempo". Ya han pasado los años y sigo aquí. La verdad en el fondo yo sé que no regreso.

Nuestro corazón se divide y es por eso que considero que mi gente tiene el corazón más grande y más bueno. Por eso, por los que están aquí, yo siempre he querido ser un puente; para ayudar al que más pueda, como alguna vez me ayudaron, y para decirles a mis amigos de "este lado" las grandes cualidades que aportamos, dando un buen ejemplo como ciudadano. Que de donde crecí hay mucha gente buena y para explicar nuestros derechos, para contar de la bondad de nuestra gente y presumir lo ricos que somos en tradiciones, cultura, corazón y seguir con la mirada al frente.

Yo soy un puente; que al hablar dos idiomas me permito expresar lo que muchos sienten y ser el medio por donde se puede dar un mensaje ó alguna información, para que exista una mejor comunicación. Y así como yo, somos muchas personas que nos consideramos puentes en la comunidad, que servimos como intermediarios para a más personas ayudar, desde un hijo con sus padres que nunca pudieron el nuevo idioma "agarrar" y muchos que, como yo, no son "ni de aquí, ni de allá".

¡Se un puente!, comparte lo que sabes con quien lo necesita, haz que la fuerza y la voz de los que no la tienen sea escuchada, infórmate, edúcate, aprende, involúcrate, comparte, ayuda, únete, da esperanza, comparte tu pasión, muestra comprensión, sé el mejor en lo que hagas para que con tu ejemplo nos generalicen por ser buenos y piensen positivo cuando conozcan a alguien más de nuestro país.

Se tolerante, regala bondad, amor; y es que somos muchos, de diversos intereses, de diferentes raíces, pero con las mismas ganas de salir adelante y nos encontramos en la búsqueda de un mejor futuro, para nosotros, nuestras familias, nuestros hijos.

El futuro que buscamos es el que creamos día con día, más que con lo que decimos, con lo que hacemos... Así que sigamos ayudando a nuestros hermanos que más necesitan de un "puente".

El paraíso después del paraíso

Mike Chávez

El paraíso después del paraíso

Mike Chávez

Tu piel a mis dedos condena
Veneno bendito.
Da vida, me mata.
Encarnados en ellos, una historia que contarte.
En ti han conocido el mundo,
Han aprendido otro idioma...
El lenguaje de tocarte.
Se aventuran por las aguas de tus encantos.
Tropiezan por el paisaje y se detienen a admirarte.
No es posible que seas prohibida por Dios...
Si tan solo con rozarte,
Me embriagas de fe y me haces creyente de lo divino.
Mis palmas se vuelven devotas al desabrocharte
El sostén que crucifica tus pechos
Librados de penitencia coquetean con el aire,
Como mis fantasías por tus cabellos.
Es aquí que hicimos de las paredes cómplices los primeros testigos.
Las uñas de mis labios te resucitaban a besos,
Olvidando poco a poco el castigo.
Dejé a tus ojos guiar mis más íntimas pasiones
Como fieles peregrinos.
Mis dedos mojados de tu miel
Sedientos, inundados, comen tus aromas.
Soy humedad.
Penetro, devoro, consumo,
Como lluvia que cae,
Por tus piernas me deslizo, Intentando borrar la pasión original.

En tus labios me bautizo.
Como si fuera un hechizo.
Y de él librarme es mi destino.
El destino ya estaba escrito,
Y si no, esa noche lo acabamos de escribir.
Confirmo que el amor que me haces...es bendito.
No hay mancha, no hay delito.
Tú eres el puente que me lleva al cielo.
Al ver tu cuerpo en comunión con la noche
Hasta el mismo reino baja a contemplarte,
Los ángeles cantan y celebran, liberando la pena por amarte,
Y es que no hay nada más puro
Que la amistad y el amor de dos amantes;
Ahora entiendo Adán. El pecado sería no haber comido lo prohibido.
Mordiste, te entregaste.
Del paraíso no fuiste expulsado,
En Eva lo encontraste.

Puentes y vacíos

Jorge Chávez Martínez

Puentes y vacíos

Jorge Chávez Martínez

El cuarto donde duerme el viejo, espacio que alguna vez fue la sala de televisión de la casa, no cesa de oler a rancio, de oler a enfermo. A pesar de batallar heroicamente todos los días con su arsenal de productos químicos, la señora que hace la limpieza no logra eliminar el aroma a sudor y humedad que parecen haber tomado residencia permanente junto al viejo. Las visitas nunca fueron muchas y ahora suceden con menor frecuencia. Parece ser que nadie quiere ver a un anciano moribundo y maloliente dando sus últimas bocanadas de oxígeno. Su cuerpo, convertido en una bolsa llena de huesos, no deja de sudar, y cualquier alimento sólido le causa dolor y gases repugnantes.

El pobre está harto del hedor de sus sábanas amarillentas, así como de la humillación de ser alimentado como un bebé de meses. La fuerza para levantarse de la cama se le escapó junto con el deseo de hacerlo, y si antes temía a la muerte, hoy la espera con ansiedad. Su único y último deseo es que lo encuentre rápidamente y lo rescate de los vacíos que nunca pudo saciar.

El vacío más triste y solitario que existe se halla entre una exigencia emocional imposible de satisfacer y una realidad insuficiente. El viejo, desde niño, se abocó a surcar los vacíos del alma de la gente a quien quería, construyendo puentes con dirección a donde le demandaban ir sin importar el precio que él pagaba. Mientras los demás niños tendían los cimientos de sus vidas, él aprendió a darle valor a su propia existencia con base en los sueños y aspiraciones de otros.

El primer puente que construyó fue el que debería haber llevado a su madre a encontrar su propia felicidad. Ella, lo que más deseaba en la vida, era una hija con quien pudiera revivir los mejores episodios de su infancia, corregir los errores inocentes que pudo haber cometido y ayudarla a borrar momentos de dolor, pero el destino le regaló al viejo. Aunque el amor y entrega desmedida de su madre nunca le faltaron, el viejo aprendió que ella era infeliz.

En un momento de sinceridad innecesaria, le compartió que le hubiera gustado tener una hija como ella lo había sido. Dulce, respetuosa, obediente a extremo y atenta a todas las necesidades de su madre. El plano arquitectónico del puente que tenía que construir para salvarla quedó claro. Con el paso del tiempo se convirtió en el confidente incondicional de su madre. Confesiones sólo aptas para un café entre señoras, se volvieron comunes. El sofá de la sala se convirtió en el diván de un terapeuta y el comedor en confesionario de iglesia.

La mente inmadura del viejo absorbió el dolor, frustración y rencor que su madre cargaba. Dolor por su padre ausente. Frustración ante las insuficiencias de su esposo. Rencor por su incapacidad de tener la vida que soñó de joven.

El día llegó cuando el puente se vino abajo. La madre del viejo salió de casa una mañana y jamás regresó, dejándolo aprisionado entre escombros y destruido emocionalmente, no por la huida de su madre, sino por su incapacidad de evitarla.

El viejo continuó edificando obras menores para su padre, hermanos y sobre todo amigos. La desaparición de su madre se convirtió en un enigma y la única forma de descifrarlo era asegurando que su siguiente gran puente no se viniera abajo como el primero. La oportunidad por fin se presentó en la mujer más hermosa que había visto, su futura esposa y madre de su hija.

Ella era como un polvorín de emociones extremas, opuesta en forma y estilo al viejo, pero que detrás de su sonrisa alegre y energía contagiosa escondía un dolor enorme. Varias relaciones sentimentales la habían dejado marcada y temerosa, pero algo vio en el viejo y decidió darle una oportunidad, aunque eso sí dejándole claras sus expectativas, más bien sus exigencias. El siguiente puente comenzó a cobrar formar hacia un horizonte claro y certero.

La realidad sin embargo fue otra y el puente no llegaba a tierra firme porque el destino final siempre cambiaba. El viejo sin duda alguna tenía fallas y muchas de las mismas deficiencias de su padre, pero su flexibilidad para adaptarse a las demandas de su mujer no era una de ellas. Un día el destino era la figura idealizada del padre que faltó y al otro el hombre asertivo, impulsivo que toma control de la situación sin importar las consecuencias. El puente que el viejo construyó tenía tantas entradas, salidas y desniveles, que sólo era cuestión de tiempo que se colapsara bajo su propio peso o que él lo dinamitara.

Los explosivos no fueron necesarios y una mañana el viejo despertó solo en su cama. Sobre la almohada de su esposa había una pequeña nota que decía, "Conocí a un hombre que me da lo que tú nunca has podido. Te encargo a nuestra niña y por favor dile que la quiero".

El segundo puente yacía a su alrededor en ruinas y el viejo reclamó al destino no haber muerto en este cataclismo, pero sus lamentos fueron ignorados. Tenía un puente pendiente por construir.

El vacío que quedó en casa era físico y emocional. Para la hija, la ausencia de su madre hizo la vida con un hombre que no sabía más que guiarse por la voluntad de otros un infierno. El viejo, quizás por remordimiento y temor a perderla, cumplía todos sus caprichos y soportaba todas sus insolencias. Lo que ella más necesitaba era contar con alguien que le enseñara a construir su propio puente y no que le robara el placer y responsabilidad de hacerlo. El viejo ciegamente se empeñó en adjudicarse este derecho y buscó navegar el vacío que su esposa dejó a su partida construyendo y alterando un puente que su hija no quería. Lo que ella más deseaba era un padre, no un albañil con aires de arquitecto y en un acto de cólera, destruyó el último gran puente que el viejo construyó.

- Papá, te odio. No te necesito. Déjame en paz – le gritó durante una discusión airada.

Al menos ella tuvo la valentía de decirle en su cara lo que sus intrusiones provocaban, pero el puente que pudiera cerrar el abismo entre los dos jamás lo construyeron.

El viejo duerme solo, en un cuarto maloliente rodeado de recuerdos.

El sofá de su madre se encuentra a lado de su cama, sobre de él descansa la almohada de quien fuera su esposa y los ecos de las palabras de su hija aún resuenan en cada esquina. En sus sueños puede ver todos los vacíos que intentó atravesar con sus puentes y en los extremos opuestos las imagina esperándolo con una sonrisa y el deseo de pedirle perdón y darle las gracias. Tristemente estos puentes también terminan derrumbándose porque el viejo aún no ha resuelto el enigma de la huida de su madre ni comprende lo que las tres siempre supieron. La existencia de puentes, a pesar de su amplitud, fortaleza y distancia, no borran los vacíos del alma.

Los mundos

Maritza Cruz Pagán

Los mundos

Maritza Cruz Pagán

Una cosa que siempre tengo clara es que la niñez se pasa volando y hay que aprovechar cada momento de la vida de los niños para enseñar y aprender de ellos. Los niños ven la vida tan diferente a nosotros los adultos, hoy pelean y al rato están jugando y como dicen "aquí no ha pasado nada". Que mucho tenemos que aprender los adultos a reír, y a ser felices, aunque nos pase un camión de mantecados por encima; seamos felices jugando al Candy Candy o a lo que sea.

Siempre fui fiel defensora de que los niños tuvieran su área de juego, pero con la menor fue diferente, perdí los límites y le permitía jugar donde fuera y como fuera. Era porque yo sabía dentro de mí, que ésta sería la última niñez que disfrutaría de mis hijos y estaba como cuando te llegan los cuarenta años, en negación total. De esta manera y poco a poco llegaron Los Mundos. En mi casa había cuatro de ellos. Yo pensaba que eran casas, pero mi hija decía: ¡No! ¡Son mis Mundos!

Eran hermosos, con innumerables piezas. Todos, excepto uno, que era un mundo árbol. Y en esos mundos me perdía yo. Escondida de vez en cuando de mi realidad, cruzaba sigilosa el puente hacia a ese otro lado; un lugar mágico, porque me desconectaba aún llevando puesto el uniforme de trabajo. Me sentaba en el piso a esconderme en "Los Mundos" y huir un rato del estrés y la realidad. Tomarme mi "shutdown". En mi Mundo tenía la casa de mis sueños, la sala cómoda, la chimenea, que no podía tener por el calor que hace en mi país. Pintaba las paredes con colores que en mi realidad no pondría en mi casa ni en mis cosas. Tenía las flores que no tenía que regar, porque nunca morirían, el jardín que no tenía que cuidar.

La vida perfecta y sobre todo la paz que me daba esconderme allí. También era un mundo de amigas donde solo nos reuníamos a ver televisión, a tomar el sol, a comer, a tomar café y ponernos trajes. Muchas veces solo estaba yo, meditando en mi bañera o en la cama durmiendo hasta que el colchón me expulsara. En otro mundo estaba con mis hijos, el perro y el gato, pero no tenía que cuidar de nadie. Uno de mis mundos era la casa de mi hija y la visitaba porque era mi vecina y después ya saben, llegaba la hora y me iba corriendo de regreso al mío.

El Mundo árbol fue La casa del árbol que tuvimos mis hermanos y yo, pero bien hecha y segura. La casa a la cual no habría tempestad que la arruinara. En esa casa de árbol estaba toda mi niñez volcada. Toda la felicidad de vivir en el campo con mis padres, mis hermanos y con mis amigos. Todo era perfecto en Los Mundos. Yo podía cambiar de casa y de decoración a mi antojo. Me divertía ir a enseñarle a mi hija que Barbie tenía que levantarse, desayunar, almorzar, ir al trabajo, ir de compras, limpiar y acostarse para luego al otro día volverse a levantar. Fue así que, jugando con las muñecas en Los Mundos, le enseñé a mi hija de manera inconsciente, que la vida se trataba de eso. La parte que tuve que corregir como borrón y cuenta nueva fue la parte de Ken. ¿Qué te puedo decir de Ken mija? Ese falso que arruinó el estereotipo del hombre, porque si los hombres fueran como Ken, el mundo estaría perdido. Nunca supe que Barbie lo mandara a trabajar, él iba de bonitillo por ahí, por supuesto en el Volks Wagen de Barbie, o en su Corveta. A él le importaba un bledo que fuera color de rosa. Y obvio que toda su ropa y accesorios pertenecían a la firma de ella, sí. ¡Todo era de Barbie!

Ahora que lo pienso, Ken impuso la forma de vida de vividor de muchos hombres todo porque Barbie se lo permitió o quizá no fue Barbie, quizá fue algún feminista de Mattel. Menos mal que Shrek nos bajó de la nube y nos trajo a la realidad a muchas que andábamos medio aturdidas. En fin, que el príncipe perfecto puede estar en alguien como Shrek y no en lo que estereotipamos. "Mi tipo de hombre", como solemos soñar. Mi tipo de hombre es el que me ama me respeta y me considera. Nada más. Siendo así y jugando en Los Mundos volví a ser niña y tuve que reflexionar entre lo que se nos enseña y lo que es correcto. La conducta aprendida muchas veces puede no ser buena ni beneficiosa y si la pasamos a futuras generaciones, les hacemos un daño en vez de un favor o una enseñanza.

Un día llegué a mi casa y nunca olvidaré lo que fue para mí ver que Los Mundos ya no estuvieran. El vacio y la tristeza que yo misma, por equivocación me provoqué.

Un día erróneamente, pensé que era hora de hacer espacio en la casa y decidí regalarlos. Pensé que ya mi hija había crecido suficiente y que no los necesitaba más. Olvidé que mi niña interior; esa niña que aún habita en mí los disfrutaba y los amaba. Cuando me di cuenta de lo que había hecho quise volver atrás, quise reconstruir el puente que había entre la realidad y Los Mundos, pero me fue imposible. Ya no pude cruzar. Ya no podía porque Los Mundos ya no estaban.

Todavía te espero

Ileana de León

Todavía te espero

Ileana de León

Cruza el puente y no te demores,
Porque todavía te espero.

Por las noches, acurrucada entre
La suavidad de tus suspiros,
Como la brisa de una noche enamorada.

Porque me enredé en el relámpago
Fugaz de tu mirada desnuda,
Cómplice feroz entre tus ojos y mis ojos.
Permanezco en tu sonrisa atrevida
Que estremece y
Arrebata mi existencia.

Conservo intacto tu paisaje
Como cuando habitaste mi
Piel y desbordamos el alma.
El sonido de tu voz entrecortada,
El néctar de tus labios,
Y tus largas caricias
Que un día estremecieron
Mi silencio.

Cruza el puente y no te demores,
Porque todavía te espero.

Allá donde juntos
Tomados de la mano

Traicionamos al destino.
Allá donde cruzamos el umbral
De los temores y conquistamos los anhelos.
Porque en tus ojos están mis alas,
Y juntos volaremos lejos.

Cruza el puente y no te demores,
Porque todavía te espero.

Puentes para pensamientos positivos

Juliana Delgado Rendón

Puentes para pensamientos positivos

Juliana Delgado Rendón

Cuantas veces tenemos la sensación de que vemos, pero no miramos, que oímos, pero no escuchamos, que caminamos, ¿pero nos detenemos un momento para disfrutar lo que nos rodea? ¿realmente hemos analizado cuán grande y maravilloso es el recorrido del pensamiento humano y sus hallazgos? Lo cotidiano cubre con un manto la espectacularidad de las cosas, el afán de nuestra modernidad no nos deja degustar a fondo lo que nuestros sentidos perciben; convirtiéndose todo en algo tan ínfimo y normal que no merece nuestra atención.

Y es esto lo que ocurre cuando pienso en el papel que desempeñan los puentes en el desarrollo de la humanidad. Los puentes se convirtieron en la calle que direcciona hacia un lugar, en el paso diario hacia mi trabajo, lugar de estudio o sitio de recreo, en una estructura para turistas, en un punto de encuentro, donde sellamos nuestro amor con candados o un icono para una ciudad o un país.

Pero me quiero detener a pensar en el significado global de la palabra "Puente".

Aparte de ayudarnos a cruzar aguas, riscos, comunicar territorios cercanos, lejanos, cosmopolitas o tercermundistas; estos no solo tienen que ser estructuras físicas pueden ser "personas puentes" que contactan dos partes para crear amistades, para que surja el amor, para cerrar negocios o por educación. Este tipo de personas con sus consejos y discursos crean puentes mentales para ver situaciones con otra perspectiva, para inspirar, para dar valentía o sosegar situaciones. ¿Y si nos imagináramos nuestra tecnología como Puente directo al mundo? Noticias, acontecimientos, información y entretenimiento más cerca de nosotros por medio de un objeto que no hace más que acortar o hacer más fácil el contacto entre lo humano y lo tecnológico. Ya vimos como personas y a través de ellas se pueden formar puentes y de igual manera a través de objetos llegar cerca del infinito.

Mi llamado es a convertirnos en "Personas puentes" que pasemos pensamientos positivos a nuestro entorno, en nuestra escuela o lugar de trabajo o simplemente empezar en nuestro hogar para tocar la felicidad y vivir en plenitud. Que maravilloso fuera si estos tan nombrados puentes se crearan para dar solución a problemas actuales como políticas migratorias, resolver tensiones de guerra, para la indiferencia, la mendicidad, detener las persecuciones por sexo, raza o religión, el egoísmo, la avaricia... construyamos los más hermosos y fuertes puentes a nuestro alrededor y conduzcamos a través de ellos ideas para una sociedad mejor.

El trauma

Carolina Encalada

El trauma

Carolina Encalada

Hay dos preguntas que últimamente no puedo contestar bien, y creo que tú me hiciste ambas: "¿todavía lo amas?" y "¿todavía te duele?"

La primera, a los ojos del ingenuo, es simple, y a aquel le contesto: no. Pero para ti y para mí, que no es que entremos en la categoría de inteligentes, ni sabios, ni expertos, sino en la de los que se obsesionan con el poder del lenguaje (o su insuficiencia, como hemos discutido recientemente) frente a las profundidades del ser, para nosotros, esa pregunta no es simple, y a ti, y solo a ti, te puedo contestar con el más complejo e incomprendido sí. La segunda respuesta, sobre si aún me duele, es igual para ingenuos que para obsesivos, pero no por eso es sencilla. La palabra dolor no describe ni remotamente las secuelas del trauma. Por eso no te pude contestar cuando me preguntaste; no por falta de confianza, sino de palabras.

Yo tenía un noviecito cuando era estudiante de Derecho, que en menos de tres meses me dejó más experiencias negativas de las que alguien puede lograr en una vida, pero que recuerdo por dos cosas buenas: "Happiness is a warm gun", de los Beatles, y la sutil influencia que tuvo en mi decisión de cambiarme de carrera. En 2009 empecé a estudiar literatura en la Universidad Católica y conocí al hombre que marcaría mi vida para siempre y al que he dicho amar todavía; un amor del que no reniego ni pretendo escapar, sino que espero aprender a cargar estoicamente.

Este es el inicio de una historia que no te voy a contar, porque se resume en la más pura felicidad de los años universitarios, y las historias felices no interesan a nadie. En algún punto de nuestra joven y armoniosa convivencia, decidimos cambiarnos de casa, a una más grande, que fue de sus abuelos y estaba deshabitada; al mismo tiempo yo esperaba la respuesta de la Universidad en la que estudio ahora y que me dio la oportunidad de conocerte. Un día, en medio de la sobrecogedora ilusión de los planes cercanos, se me cayó sobre el piso de la sala un plato de lentejas y lloré. Lloré mucho. Tuvo que ser un mal augurio, porque en seguida las tuberías de la casa nueva explotaron y la carta de la Universidad volvió con una negativa. Las cosas se pusieron raras. No fue su culpa.

Por eso cuando me preguntaste si fueron cuernos, tampoco te pude contestar; ya ves, no era falta de confianza, sino de contexto. Porque él demostraba una calma psicópata, pero yo sabía que llevaba dentro una tempestad, quizás las dudas veinteañeras sobre el futuro, pero también el cadáver de su hermano en la memoria, y los días y días de fracaso acumulado de artista; él tenía una pasividad agresiva cuando la mancha incómoda y pegajosa de las lentejas apareció en el piso de la sala junto con todo lo demás. Fue un momento raro, quiero que me entiendas. Y ese fue el momento del trauma. Tú me preguntaste ¿cómo es que uno pasa a vivir como un adulto? Y yo te dije que el puente era el Trauma.

He contado muchas veces esta escena. Quise filmarla; escribí el guion, conseguí los actores, locación, equipos, hicimos varios ensayos, y al final entendí que no sabía nada de cine. La escribí en todos los géneros que pude, en todos los estilos, la he pensado tanto que, tengo que confesarte, ya no sé cómo fue en realidad. Pero es algo que todavía puedo llamar, con certeza, la escena de mi vida. El caso es que me desperté una mañana cualquiera, un día entre semana, jueves quizás, la vida corría como siempre, y antes de abrir los ojos noté (recordé por un segundo que duró horas) que él había pasado la noche sin rozarme. Era la primera vez que dormíamos así. A veces nos tocábamos los pies, como una forma de decir "estoy aquí, pero me da calor abrazarte o tu pelo me pica". Aquella noche él no me había tocado. Se había dormido, es más, muy lejos de mí, o al menos así me pareció entonces, porque la cama se hizo grande para albergar nuestra distancia.

Cuando abrí por fin los ojos él estaba sentado al pie de la cama, y antes de que yo dijera qué pasó, qué haces ahí, por qué no te sentí toda la noche, él me dijo tenemos que hablar, como el verdugo que saluda al prisionero que empieza su último día. No puedo hacer suficiente énfasis en esto: yo estaba medio dormida. Despertándome. Yo no sólo estaba aturdida por las palabras que salían de su boca como si fuera un autómata desalmado, yo estaba, de hecho, medio dormida. Ese fue el momento en que yo perdí la inocencia. Mi niñez (la que yo había creído acabada cuando se murió mi madre), se esfumó en ese momento, con toda la inocencia que me quedaba, que parece que aún era mucha. Me convertí de golpe en adulta cuando él me dijo "anoche me acosté con una chica" y yo vomité una bilis amarilla como en un rito de iniciación.

Entonces no, no se trata de dolor. No es que me "duela todavía", es que después de eso yo ya no pude volver a mi forma original, yo cambié para siempre, pero no como cambia el hombre y el río; cambió el color de las cosas, la sensación de la consciencia dentro de mi cuerpo, el sabor de mi saliva. Dolor solo describe la primera parte, y no sé cómo se llama eso que vino después y que dura hasta ahora; por eso no te pude contestar y no por falta de confianza. Porque tenías que saber que él no la amaba, ni si quiera la deseaba, apenas la conocía. Porque no quiso ofenderme, no era contra mí, fue un impulso suicida. Él buscaba el trauma, lo necesitaba con urgencia, estaba decidido a no ser más un niño. Pero ya ves cómo resultó, ya ves quién salió de la casa ese día convertido en adulto. Dime, entonces, cómo no amarlo.

Adiós

Patricia Ferreyra

Adiós

Patricia Ferreyra

No soy una víctima. Soy una mujer que aprende. Hoy me despido porque no me escuchaste, aunque al principio me permitiste creer en ti como en una familia. Confié, pensando que me ibas a cuidar y a guiar. Por un tiempo me hiciste sentir escuchada, protegida, y te correspondí. Cumplí con mi parte del pacto. Llegué todos los días a tiempo e hice mi trabajo como era debido. No abusé de tus beneficios ni de tus servicios. Me dediqué por completo, a tal punto que me dejé parcialmente de lado, al elegirte por sobre crear mi propia familia. Me ofrecías vida social, la promesa de una trayectoria, y un contacto ilimitado con mis "hermanos". Eras mi familia y me contenías.

Pasaban los años y, a mi alrededor, sucedían cosas. Mis hermanos - tus empleados - crecían, se hacían un nombre, recibían oportunidades. Eran visibles. Yo deseaba que no dejaras de verme, que entendieras mis sueños, mis ganas de crecer dentro de tu organismo que ya había cobrado vida propia. Habías cambiado bastante en diez años, y a medida que cambiabas, creabas un espacio para mis hermanos – mis colegas – y al mismo tiempo te volvías más impersonal. Esperé mi turno, pero al final, me volví invisible. Continuaste asignándome a un recinto, rodeado de cuatro paredes, en contacto con niños que aprendían, y que, al mismo tiempo, sin ser su intención, me absorbían, apartándome del mundo.

Así comprendí que enseñar un idioma no es nada simple, sobre todo si utilizas ese idioma solamente. Por un lado, te transformas en un maravilloso puente que busca saltar una barrera lingüística al conectar dos mundos, y te diviertes. Por el otro, cuando pasas la mayor parte de tu día entre cuatro paredes apenas comunicándote, te das cuenta, tarde o temprano, que eso genera aislamiento, y el aislamiento te vuelve invisible, aunque no quieras. Es una función del crecimiento de toda organización, y cuando tu organización empieza a crecer, tus hermanos - tus colegas - compiten por la atención.

Las horas, los días, las semanas, los años son limitados. No hay para todos, pero no siempre se sabe el por qué.

La separación es dolorosa. Las emociones engañan, te sacuden de arriba abajo. Te haces miles de preguntas intentando comprender en qué fallaste, por qué, si diste todo, no mereces crecer. Te frustras, te enfadas con el mundo, contigo misma, das vueltas como un perro buscándose la cola y el círculo sigue cerrado. No hay trayectoria. No entiendes. Esperas pacientemente porque crees que algo va a cambiar y nada cambia. Por un tiempo, el miedo gana y te paraliza.

Te crees invencible, pero te puede pasar también. Al final, he tomado conciencia y me cuesta entenderlo. Soy diferente.

Durante diez años pertenecí a tu familia y fui un puente. Existí entre tu cultura y la mía, la que representaré hasta el final de mis días. Te cuesta aceptar que no me vea ni suene como mis "hermanos", que hable, respire, ame y sufra como yo sé. Es mejor que no me vean. Que no me veas. Qué pena. Tuviste la oportunidad de mantenerme a tu lado, de acompañarte a perseguir tu ideal, pero decidiste que no te sirvo más y no me explicas el por qué. Sólo me permites interpretarlo porque tu mensaje es sutil, visible para mí, invisible para los otros. Está flotando en el aire con letras grandes y no te animas a decírmelo en la cara. No pensé que fueras tan cobarde.

Hoy te estoy pensando, te estoy sufriendo, sabiendo que es el final. Te di lo que pude, un cuarto de mi vida, porque creí en tu misión, en tu filosofía. Pensé que los predicabas para mí también y por eso me quedé contigo, fiel. Fue difícil comprender que yo no era parte del plan. Duele.

Mañana será un nuevo día, lleno de posibilidades. Reconozco que hoy aún tengo miedo de la incertidumbre, pero no soy una víctima. Soy una mujer agradecida que se libera, que encuentra una forma de limar un punto de la circunferencia que se vuelve delgado hasta que desaparece, y el círculo vicioso se abre al fin. Por allí entra el aire, y el círculo vicioso ya no es más círculo sino una línea orgánica que cobra una nueva forma, la que yo quiero darle mientras sigo mi camino. Gracias por estos diez años. Adiós.

Los puentes del amor

Víctor Fuentes

Los puentes del amor

Víctor Fuentes

Como todos los fines de semana, el abuelito Vitoriano esperaba a Diego Davis, su nietecito de siete años de edad que llegaba a visitarlo como siempre, todos los fines de semana después de salir de sus clases. El niño saludó, como era su costumbre con beso en la mejilla. Él era muy inteligente y creativo para hacer las cosas e insistía que los mayores que él, le escucharan sus inquietudes. Ese día, Dieguito, se notaba un poco inquieto para hablar de su escuela y que alguien lo escuchara lo que él tenía que decir de lo sucedido en su clase escolar esa semana. Ese atardecer le dijo: abuelito, abuelito escúchame.

Algunos de nosotros fuimos a la oficina donde las maestras estaban hablando y las oímos hablar que un señor poderoso iba a sacar del país a los niños a otros países y sus papás se quedaban aquí, o si no, se llevaban a sus dadys y los niños se quedaban y se los daban a otros papás - y con lágrimas en los ojos - continuó Dieguito, las maestras hablaban también de la separación de las familias y de la necesidad de hacer puentes para ayudar a la gente que atrapaban en las calles o en las tiendas y hasta en sus casas. Abuelito, continuó Diego, después cada maestra fue a su aula y con lágrimas en sus ojos nos explicaron lo que sucedía y nos hablaron de construir puentes de ayuda a los padres de familia y a los niños de nuestra escuela que no tuvieran " papeles " y escribir cartitas diciendo no a los muros. Y como las maestras nos decían esto casi llorando, todos mis compañeritos, niños y niñas se pusieron a llorar y hasta yo, ya no aguanté y también lloré... toda la escuela lloró, abuelito. Pues nos daba miedo que se llevaran a nuestros papás o a nosotros y quedar solitos y no volverlos a ver nunca más. Abuelito, ¿y que son esos puentes de los que nos hablaron las maestras? ¿cómo se hacen?

Cuando Dieguito terminó de hablar, el abuelito tenía la cabeza inclinada y en sus mejillas rodaban lágrimas en silencio.

-Mi nietecito lindo, -murmuró el abuelito, a tu edad ya sabes del sufrimiento pero no sabes o no estás claro de tus lagrimitas ni del porqué del dolor que sientes en tu tierno corazoncito...Pero es necesario que sepas de dónde viene tanta maldad de los hombres y mujeres poderosos pero malos. Yo, a tu temprana edad, también supe lo que era el sufrimiento de la vida, el miedo a lo desconocido y no saber qué hacer cuando a nuestro alrededor hay tanta violencia que sentimos que nos está alcanzando en nuestra vida diaria. Dieguito, se lo quedó mirando con sus grandes ojitos abiertos, esperando con ansias saber una parte de la vida de su abuelito Vitoriano que así se llamaba el abuelito.

En mis tiempos del siglo XX recién pasado yo viví cuando tenía tu edad, una parte de uno de estos ciclos de destrucción y aunque fue en otras tierras lejanas, se sintió aquí en América. Allá murieron millones de personas, adultos y niños fueron perseguidos y separados de sus padres en campos de concentración...se decía que las Gárgolas habían regresado a la vida para destruir a la humanidad en lo que se llamó la Segunda Guerra Mundial. ¿Y que son las gárgolas? Bueno, Diego, las Gárgolas eran monumentos de piedra construidos en la Edad Media, hace cienes de años y tenían aspecto mitad humano, mitad bestias con garras y alas. Cuenta la leyenda que cuando la gente protestaba por las injusticias del Rey, las Gárgolas cobraban vida para defender al reinado y agarraban a la gente incluyendo niños y los lanzaban al otro lado de los muros de la ciudad.

Ahora, Dieguito, regresando a tus preguntas sobre los muros y los puentes, los muros se hacen para separar a la gente y los puentes, para unirlas y los puentes pueden ser físicos, pero en este caso de deportación y separación de las familias, los puentes son sentimientos de amor al prójimo, pero de contenido real, que protejan y ayuden a los niños y adultos para que no sean deportados a sus países de origen... Estos puentes son sinónimos de muchas maneras de apoyo, entre ellas las Ciudades Santuarios, hijito. ¿Comprendes? Dieguito, guardó silencio y contesto afirmativamente con su cabecita. Ya no hubo más preguntas. Pues ahora comprendía más la situación de peligro de sus compañeritos en la escuela de la Madison en Seattle.

Y la persecución a los niños y adultos se hizo real en las calles, hogares y centros de trabajo, todos los días comentarios, noticias, y videos, llantos y lágrimas por todo el país...Dieguito entro en shock. Luego se sobrepuso y observó como entre la gente adulta se ayudaba, ofreciéndose ayuda mutua y apoyo para esconder en sus casas a los que pudieran y llevarles alimentación; asimismo en las iglesias y otros locales y oía decir a la gente: "hagamos más puentes para ayudar a que a nuestra gente sin papeles no la atrapen y la deporten a otros países".

Dieguito, afligido solo pensaba en sus amiguitos de la escuela que él sabia no tenían papeles legales. Sobre todo, en los más cercanos, ellos tenían igual que él, siete años y se llamaban María y Paco. Llegó a hablarles de la situación de peligro que ellos ya sabían y Diego quiso ayudarlos llevándolos a la frontera con Canadá, pero se equivocaron de ruta y fueron a parar a la frontera Sur, a Arizona - México.

Lograron entrar a una escuela Santuario donde los atendieron y ayudaron todo el día a refugiar a los demás niños y vecinos, pero al caer la tarde se oyeron gritos por todos lados y Dieguito y sus amiguitos vieron las oscuras sombras de hombres que parecían Gárgolas persiguiendo a los maestros, a los niños, estudiantes y a padres de familia. No respetaron la escuela santuario que era un " puente " o una conexión de apoyo. La escuela quedaba cercana al famoso muro de la discordia que dividía las tierras y a las poblaciones vecinas.

Muchos niños fueron capturados, otros huyeron y otros, se escondieron en la misma escuela y en lugares cercanos. Pero Dieguito y sus amigos se escondieron tras unos arbustos a la orilla del Muro. Dieguito se encargó de cubrirlos de tierra para que no fueran vistos, pero ya él no pudo esconderse y fue atrapado y golpeado hasta desmayarse; pero antes, logró ver a Paco que se salió del escondite para tratar de ayudarlo.

¡Déjenlo Gárgolas! -Les gritaba Paco -Que ustedes también son hijos de inmigrantes.

Lo persiguieron y corrió y corrió logrando subir al muro. Ya arriba del muro los hombres que parecían Gárgolas le gritaron. "¡Siéntate! Si no lo haces te disparamos y matamos a tu amiguito. Allí vas a pasar un buen rato de la noche tiritando de frío".

Paco hizo caso y se quedó sentado sobre el muro, pero un poco antes del amanecer los guardias se fueron y se olvidaron de él. El frio era intenso, ya Paco estaba entumecido de sus piernas y no podía saltar el Muro. Cuando amaneció y llegó la luz del sol, María, que había permanecido escondida, fue sacada de su escondite por Diego y juntos fueron por Paco.

Paquito yacía allá arriba sentado sobre el muro; ellos le gritaban que bajara que no había peligro, pero Paco como que no oía. Y así pasaron un buen rato hasta que Diego puso una escalera y se subió a hablar con Paco.

-Paco, Paco, ya se fueron, le hablaba y lo tocaba...despierta Paco, despierta. Pero Paco estaba tieso. -Paco, Paquito, mi hermanito, -sollozaba Diego, ¿Por qué te moriste hermanito?

Paco estaba muerto. Murió congelado por el frío intenso donde comenzaba aquel desierto del " Sueño Americano ".

Espacios perdidos

Ana Evelin García Contreras

Espacios perdidos

Ana Evelin García Contreras

Lo mismo viene a mi mente ese lugar escondido,
Donde veo fluir bajo mis pies un río cristalino,
Refrescando apenas mi cara con su rocío,
O llevándose todo con su torrente agresivo.

Igual puede ser ese lugar del recuerdo,
En medio del prado de donde vivía el abuelo.
Ese en el que parejas convergen a observar el cielo,
Donde cruza un riachuelo tranquilo y sereno.

Tal vez el que ilumine el paisaje nocturno,
Que con su reflejo asemeje una noche estrellada
Y emborrache a un amante taciturno
E invite a bajarle la luna a su amada.

Igual puede ser salvador de vidas perseguidas
Huyendo de sus miedos y fantasmas,
Como también silente testigo de almas desesperadas
Que buscan en él una última esperanza.

Y qué decir de un espacio de tiempo incierto
Entre lo consciente y lo inconsciente,
Que, si no fuera por el calendario insistente,
No llegaría a ser más que un minúsculo momento.

Podría ser un espacio de momentos perdidos

Entre el estar presente y el estar vivo.
O igual solo es un montón de palabras sin sentido
Que sería mejor condenar al olvido.

El acuerdo tácito

Linda Glenicki

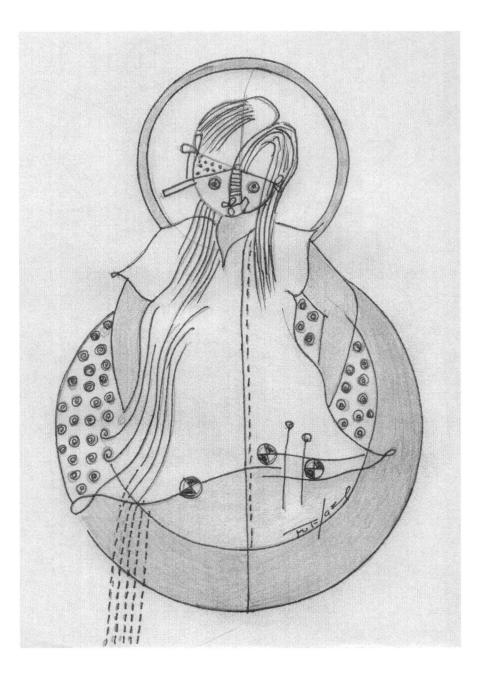

El acuerdo tácito

Linda Glenicki

No sé lo que había en ella que me intrigaba tanto. La veía todos los días trabajando en el mercado en el primer piso del edificio donde estaba mi oficina. Era latina, en sus treinta años y tenía un aire de concentración en su trabajo, pero a la vez lucía una sonrisa de alegría, tarareaba una canción suavemente. No era una de las cajeras dicharacheras, sino una figura casi invisible, en algún pasillo estrecho, enderezando una pila de latas, o limpiando las ventanas enormes del mercado.

Yo visitaba el mercado casi todos los días por la mañana para comprar alguna cosita para el día: una manzana, un dulce, una tarjeta de cumpleaños. La veía y compartíamos una sonrisa silenciosa. Después de unas semanas intenté iniciar una conversación con ella. –Looks like rain today– le dije, señalando a los nubarrones oscuros en el cielo. Puso una mirada en blanco y me di cuenta de que no hablaba inglés. –Lluvia– dije dubitativamente, sacando desde un rincón alejado del cerebro el español de las clases de la secundaria, hace ya tantos años. –Es un día gris y nublado, pero no va a llover– respondió y le devolví la mirada en blanco. –¿Habla español? – me preguntó. –Un poquito– sonreí.

Así decidí empezar mis estudios de español. Esa noche compré un libro de autoaprendizaje y estudié cada mañana antes de ir a trabajar, siempre terminando la sesión con la selección de una frase para probar con Lupe en el mercado ese día, algo que le desvelara un detalle sobre mi vida, una faceta de mi personalidad, un vistazo a mis sueños.

De este modo, llegamos a conocernos mejor y después de dos meses la invité a compartir una taza de café conmigo para que pudiéramos conversar más. Llevé una foto de mi familia para enseñársela. En esa charla aprendí que era de México, vivía con su marido, su mamá, su hermana, dos sobrinos, y que tenía cinco hijos todavía en México.

Nuestra amistad fue creciendo; un día me invitó a su departamento para cenar y conocer a su familia. Su mamá tenía un temperamento callado y brusco. Le llevé un regalito, según la costumbre de mi cultura, y lo tiró en el mostrador sin abrirlo diciendo

-No necesito nada–.

La hermana de Lupe era mucho más amigable, divertida, y también curiosa, me acribilló a preguntas. Me imaginaba que había escuchado mucho sobre mí por Lupe. A las hermanas les gustaba bailar salsa.

Media hora después de mi llegada Lupe prendió el estéreo con la música de Eddie Santiago y empezó a enseñarme el baile, corrigiendo mis exagerados pasos gringos gritando –¡Chiquita, chiquita! – Su hermana se nos unió y allí estábamos, las tres moviendo las caderas al ritmo con alegría.

El nombre de su hermana era Tonia, que yo escuché como Doña, y pensé, –¡qué nombre tan raro! – Unas semanas después le di una tarjeta de navidad en un sobre en el que había escrito "Doña". Las dos hermanas estallaron en carcajadas y así me enteré de mi error.

En esos primeros meses había muchos errores de comunicación por el nivel básico de mi español, pero los superamos fácilmente. Aunque nunca habíamos hablado de ello abiertamente, teníamos un acuerdo tácito de asumir las mejores intenciones la una de la otra. Si le decía algo que podía ser inapropiado o grosero, no era por querer, sino por no saberlo, un error inconsciente. Cuando eso pasaba yo lo sabía porque podía ver en sucesión rápida su gesto de confusión, su cara suavizándose y al final, su sonrisa cálida. Ya me había perdonado. A veces me corrigió apaciblemente. Nos gustaba asegurarnos de que hablaríamos el mismo idioma en el cielo. Allá, por fin, podremos entender los sutiles matices de la plática de la otra.

Pasábamos mucho tiempo cocinando, compartiendo recetas favoritas, consejitos sobre la mejor manera de cortar un aguacate, y luego, conversábamos mientras comíamos. En días soleados íbamos a un parque cercano con un picnic de fruta y galletas, platicábamos sobre la política, las frustraciones de nuestro trabajo, su vida anterior en México, las actividades de sus hijos y el misterio que son los hombres.

Un día, como cualquier otro día, entré en el mercado por la mañana, pero no la vi. Tal vez esté enferma, pensaba. Pero el siguiente día no estuvo tampoco. Ni el tercer día y mi preocupación creció. La llamé por teléfono sin respuesta. ¿Quizás la migra la haya detenido?

El cuarto día sin verla y sin oír nada de ella, fui a su departamento, a buscarla. Y allí la encontré, con ojeras profundas y los ojos llenos de lágrimas.

–Lupe, ¿qué te pasó?

–Gracias por venir, mi querida amiga, mi mamá ha fallecido.

Un día después estábamos en la nave de una iglesia mientras un mariachi tocaba Cuando me muera no quiero que lloren. Su mamá estaba en el ataúd. Envuelta en la música, la despedimos por última vez en esta vida.

Después de la misa, delante de la iglesia, el ataúd fue rociado con agua bendita. Era un día lluvioso, lo normal en Seattle, y las calles estaban llenas de tráfico, todos con prisa por llegar a sus destinos. Arrancaron el motor del carro fúnebre y entró en el flujo del tráfico hacia la carretera, rumbo a México para el entierro en su país natal.

Lupe y yo estábamos paradas juntas, tomadas de la mano, mirando el carro hasta que desapareció de la vista a través de un puente monumental. El puente de amistad que habíamos construido sin dar ninguna importancia a la brecha de idiomas y culturas. Nos abrazamos de nuevo.

Puentes

Carlos A. Gómez-Montoya

Puentes

Carlos A. Gómez-Montoya

Y es día y es noche. Son los segundos, las horas, algunos tal vez cortos pero las otras siempre más largas. De repente es la luz, el fuego, el viento, y el viento es el que golpea la tierra, y la tierra es la que se levanta y al levantarse hay rabia, fuerza y es violenta; y de allí sale el fuego. El fuego lo castiga todo, castiga al polvo, castiga a la tierra, castiga las piedras y hasta castiga al viento cuando se le atraviesa. De repente hay algo: es ella, después es él. Ella natural, él hijo de ella, la una salvaje, pero siempre madre, el otro subyugante siempre padre. La una construye porque es ella, porque de ella sale todo, porque por ella lo es todo, porque de ella salió él.

Él construye porque lo puede, porque lo quiere, porque lo piensa, porque así se le da la gana. Capricho y rabietas.

Y la una que construye con lo que sale de ella, de sus entrañas: están las maderas, las piedras, los torrentes de agua y los fuegos que todo lo queman. Hay pisadas, hay caminos, viento, agua que con paciencia los trazan y allí están porque son caprichos de ella.

Y van de aquí para allá, de arriba a abajo, de norte a sur de este al otro. Son de piedra caliente y son de madera húmeda, de hielo, de hierba fresca y yerbabuena, son de mármol, son de granito, de alabastro y marfil blanco, son de plata y son de diamante. Se levantan estoicos como centinelas, guardianes, verdugos sosteniéndolo todo.

Testigos, cómplices, compinches; son amantes. Y hay ruedas y un galopar, hay caminares de aquí para allá, taconeos finos y arrastradas de sandalias y pies descalzos castigados por el polvo, por el fuego. Y lo unen todo, lo alejan todo; traen, quitan, llevan, y dan: siempre dan.

Callados a sus espaldas lo aguantan todo, lo que viene, lo que va, lo que es y lo que ya no está. Por encima de ellos pasó el silencio con su taconeo, la nada con sus pasos arrastrados y el todo con su simple y pausado caminar; y sobre ellos esta él, que es recuerdo y que deja huella. Y él, que construye quemando la tierra con el fuego, cortando la madera de la piel de las montañas; que saca las piedras de las entrañas de los muertos de ayer. Y él construye porque puede, necesita y porque así lo quiere, sin comas y sin nada. Maquila, planea, conquista, llega... se va. Caprichos y rabietas.

Y son de madera, tallada, labrada, quemada; son de hierro, enrojecido, soplado, fundido, forjado por capricho y necesidad; son de piedra llevadas a cuestas, bañadas en lágrimas, en sangre, en sudor y en dolor. Y el viento se atraviesa y le ayuda, entonces son de cable, de pita, de cuerdas y poleas. Y se levantan erguidos por la necesidad y el orgullo, más grandes que el de él.

Se plantan como gigantes marcando comienzos, finales, el aquí, el ahora, el mañana y el ayer. Son testigos, son cómplices, son compinches; lo cuentan todo, lo callan todo, no dicen nada, no olvidan nada. Están aquí, allá, en medio de la nada, en medio de todo. Son altos, son cuervos, son marañas y laberintos; van de aquí para allá, de allá para más allá. Y empiezan arriba y terminan más arriba, o empiezan abajo y terminan arriba, o empiezan arriba y terminan abajo y algunas veces simplemente no terminan.

Y él, ambicioso va más allá que ella, porque él se mueve; ella se queda, porque así lo quiere. Él va más allá que ella porque él sueña mientras ella duerme, porque ve más allá que ella, porque recuerda, porque va de aquí para allá, de adelante hacia atrás, desde atrás va al más allá; y cuando ella despierta lo derrumba todo, porque es capricho de ella y entonces él los vuelve a soñar.

Y a veces, como ella, él se queda quieto, pero sigue su camino, entonces son de plata y diamante, de cal y arena, de ayer, de hoy de mañana y después. Son de lo que pudo haber sido, pero no fue, y son de lo que fue y ahora ya no es, son de lo que no es, pero será. Están llenos de telarañas, de recuerdos empolvados, de abrazos cortos, de besos largos, de dolor y de soledad. Entonces ya no brillan, son oscuros, son grises con destellos de luz agonizante.

Y traen allá, llevan aquí, ahora, mañana... Después. Son testigos, guías, esperanza, alegría; o son dolor y recuerdo, o siempre la esperanza de algo más bello. Y lo que es de él es de ella y lo que es de ella es de los dos y él que ya no está aún se queda, se volverá piedra, será polvo y el fuego lo castigará como lo castiga todo. Y ella que se queda estará cubierta de hierba fresca y yerbabuena, entre sus entrañas lo acogerá nuevamente a él.

Sus hijos quedarán, porque fueron de él y son de ella, porque fueron testigos, porque fueron cómplices. Ahora están solos, altivos, heridos, desamparados. Vigías mudos, atalayas ciegos. Y estuvieron aquí ayer, hoy, mañana, después. Porque fueron de cal, de arena, de plata y diamante, de hierro fundido y de madera quemada y porque fueron de yerbabuena. Y trajeron, llevaron, dieron, quitaron.

Y ahora callan. Ahora duermen. Y aunque ya no están aquí, estuvieron; debajo de la yerbabuena todavía están. Son recuerdos, caminos, muros; llevaran de aquí para allá, de arriba abajo, del medio al otro lado. Volverán a ser guías y vigías, testigos, compinches. Y las ruedas rodarán, los pies pisarán, los tacones correrán de aquí para allá, los pañuelos volarán, el humo los volverá a ungir porque, cual gigantes plantados en medio de la nada y de todo, se erguirán estoicos, altivos porque son hijos de ella y fueron hijos de él. Y porque fueron capricho y fueron idea, fueron conquistas, fueron un sueño, y porque tienen memoria, tienen dolor, y porque fueron bañados de lágrimas y sudor.

A sus espaldas nos llevarán otra vez, nos llevarán de aquí para allá; desde sus bordes unos juguetones pies colgarán, las piedras caerán; la saliva y las lágrimas flotarán y entre el viento y el humo se perderán. Y por ellos él volverá a ser quien fue, ella despertará; caprichos y rabietas.

Y serán días cortos, horas largas, minutos y segundos sin fin. Y el viento soplará, el fuego quemará, el agua bañará. Y de entre las tinieblas destellantes de luz, ellos emergerán: Los puentes.

El vuelo

Gabriela González González

El vuelo

Gabriela González González

Yo, pájaro aldeano, pueblerino, provinciano con alas jóvenes,
He querido recorrer el mundo buscando la vida, el trabajo y el pan.
He sido ingenuo, he llorado y he amado, he crecido y me he forjado.

Durante mis viajes he conocido la fuerza, he valorado la amistad,
He reconocido a los que se esmeran y he odiado a los que hacen el mal.
He besado la tierra y he probado el mar.
He escuchado al río e ignorado a la tempestad.

He hecho nido en donde he podido y he sobrevivido a la dificultad.
He visto el renacer de los árboles, el silencio de los débiles y el rugir de los
inconformes.

He entendido qué significa la paciencia, he maldecido al clima y he acogido
al tiempo.
Yo he sido un ave valiente, atrevida y tan curiosa que ahora no quiere parar
de volar.
Durante mis viajes he tenido que hablar con las flores,
Llorar con la lluvia, dormir con el frío y suplicarle al sol su guía.
He visto lo blanco de la nieve y el verde perfecto del campo.
He tenido miedo, he encontrado paz.
He añorado mi tierra, he reconocido la ajena y he aprendido que volar a casa,
no significa fracasar.

Campo abierto

Carmelo González Veles

Campo abierto

Carmelo González Veles

Tu miedo. mi miedo.
A los precipicios,
A los raudales,
Y al silencio.
Se llamó,
Se llama:
Senda lóbrega.

Unidos,
Dejemos,
Que los trinos de los pájaros,
Que las noches incendiadas,
Y que las voces del viento,
Se refugien en nuestras manos.

Cruza y cruzaré.
Un territorio mutuo,
Donde anide un día diáfano,
Y una noche profunda,
De pensamientos palpitantes,
En el sosiego del universo.

Sangre y sentir.
Tú y yo.
Yo y tú.
Contrafuerte y contrafuerte.
Tus pasos y mis pasos
Sobre el puente,

Cuyos lenguajes,
Cuyos estandartes,
Y cuyas aristas,
Crean alianzas sólidas,
Grabadas con luz,
Y con polvo de diamante.

Lección de vuelo

Claudia Elena Hernández Ocádiz

Lección de vuelo

Claudia Elena Hernández Ocádiz

Me consta que la escritora Sabina Echoe que yo conocí, murió la noche del once de diciembre pasado. Lo sé porque en ese entonces éramos cercanas colegas en un taller literario y pude enterarme de su historia con lujo de detalles.

Todo ocurrió cuando un importante diario estadounidense le propuso que escribiera una crónica sobre su trabajo como mentora voluntaria de niños inmigrantes y refugiados. La crónica sería publicada y ella sería contratada como columnista feelance. Era su oportunidad para hacer que uno de sus sueños se convirtiera en realidad. Antes de enviar su trabajo final, Sabina decidió salir a dar un paseo por las veredas aledañas a su hogar. Respirar aire fresco, sumergirse en los aromas del bosque y relajarse mientras caminaba. Era uno de sus pasatiempos favoritos. De regreso a casa, Sabina se detuvo frente a un semáforo ubicado en el cruce de Pine Lake Road y la calle 48 SE en la ciudad de Issaquah, Washington.

Mientras esperaba la luz del paso peatonal aprovechó para frotarse los dedos de las manos, entumecidos por el frío.

–¡Estoy segura de que obtendré el trabajo! -A través de él podré dar visibilidad a las historias de niños que son víctimas de la vorágine de políticas que les limitan la posibilidad de estudiar y acceder a una mejor vida –pensó–, mientras su rostro se iluminaba con una gran sonrisa al reanudar su marcha.

Pero Sabina no llegó a su destino.

El estruendo provocado por un golpe que la alcanzó por detrás paralizó sus sueños. Una fuerza inesperada la levantó del piso y la lanzó por el aire a un par de metros. Un intenso dolor la asaltó sin piedad. Fue tan fuerte, que sintió que le quemaba por dentro como si se tratara de una voraz bola de fuego.

Cuando Sabina volvió en sí, yacía tirada a mitad de la calle. La cabeza le daba vueltas. Su cuerpo reposaba inerte sobre las rodillas, como si se tratara de un títere atrapado en una cárcel sin salida. Intentó incorporarse, pero fue inútil.

Las piernas no le respondieron. De las palmas de sus manos brotaba un líquido ardiente que teñía de rojo sus heridas. Notó que de alguna parte de su abrigo salían miles de plumas blancas que tras flotar por unos instantes se adherían con vehemencia al pavimento mojado. Con dificultad dirigió la mirada hacia la izquierda tratando de comprender lo que había pasado. Ahí se percató de la presencia de un auto blanco que emitía un denso humo negro. Entonces lo entendió todo. La súbita idea de saberse atropellada le provocó escalofríos. El corazón le galopaba tan fuerte que le pareció que estallaría de un momento a otro, como una bomba de tiempo. En un intento por serenarse tomó una profunda bocanada de aire que se vio interrumpida por el fétido olor a llanta chamuscada infiltrado en su garganta.

Presa de pánico intentó gritar una y otra vez hasta que un desgarrador alarido emergió de sus entrañas.

−¡Auxilio!, −bramó sumida en un terrible estupor.

−¿Al yu OK?, −preguntó con timidez un hombre de rasgos asiáticos que salió del interior del vehículo.

−¡No! No estoy bien−gimió Sabina desconsolada− ¡Necesito tu ayuda!, −imploró sollozando. ¡No me dejes aquí! −suplicó a punto de desfallecer.

En un súbito instinto de sobrevivencia, Sabina hizo un gran esfuerzo para introducir la única mano que podía mover dentro del bolsillo de su abrigo. Palpó y rebuscó dentro de este hasta que halló su teléfono celular. Un fugaz presentimiento de que moriría sin despedirse de su familia le urgió mientras marcaba.

−Call 911, −dijo el hombre que la atropelló y sin mayor preámbulo subió a su auto y arrancó cuesta arriba dejándola abandonada a la mitad del camino.

Durante los meses siguientes, el ánimo de Sabina fluctuó de arriba a abajo. A pesar de estar agradecida por las muestras de cariño que a diario recibía, un cúmulo de enojo, impotencia, culpa, tristeza, decepción y, sobre todo, de un profundo abandono, la sumergieron en una mortal depresión.

El veneno comenzó a hacer efecto cuando se enteró que la crónica en la que había trabajado con tanto ahínco no sería publicada. La propuesta había sido una farsa. Por cuanto al accidente, la policía cerró su caso tras la fuga del agresor. Con la ausencia del responsable, los gastos del hospital y de rehabilitación correrían por cuenta de ella. Los daños físicos la confinaron a dejar de caminar por varias semanas y un daño permanente en las rodillas. Los insoportables dolores de espalda y piernas, alternados con inquietantes pesadillas le habían arrebatado las horas de sueño, la habilidad para reírse a carcajadas y el peculiar brillo de sus ojos cada vez que escribía y publicaba una obra.

Uno tras otro, se fueron desencadenando otros episodios que aniquilaron su hábito de escritura: desde la inminente disolución de su matrimonio, la deformación de su cuerpo y el despido de uno de sus trabajos, hasta las incontables sesiones psicológicas que trataban de sanar a su niña interior. Tras múltiples intentos fallidos, Sabina se dio por vencida y dejó morir a su alma de escritora. La estocada mortal y la más paralizante se la había dado su propio abogado:

–Por razones legales, es mejor que no escribas, especialmente de este asunto. Te recomiendo que no publiques nada en ningún tipo de red social. Si quieres escribir lo harás solo para mí. –sentenció el hombre ante una atónita mujer para quien la expresión escrita representaba su razón de ser y su bandera de libertad.

Tiempo después, Sabina asistió con su hijo de dieciséis años a una gala. Se trataba de una recaudación de fondos para ayudar a que niños de Guatemala, en pobreza extrema tuvieran un lugar digno donde vivir y estudiar. Tras participar en una actividad en la que los asistentes unieron sus manos a manera de puentes para lograr objetivos en común, Sabina despertó de su largo letargo. La inspiración se avivó después de escuchar con atención el discurso de Marco Castro Lemus, un estudiante inmigrante originario de México que había logrado obtener una beca universitaria en el estado de Washington pese a que tuvo que vivir en orfanatorios tras el abandono de su madre. Fue entonces que Hugo, el hijo de Sabina decidió unirse al programa y donar más de un mes de su salario a la causa.

–¿Por qué los apoyas?, –preguntó Sabina. Ese dinero que has dado es el que ahorras para poder pagar tus propios estudios, –añadió arqueando las cejas.

–Porque veo en ti que a pesar de las limitaciones que has sufrido a raíz de tu accidente, no has dejado apoyar a tus pupilos como su mentora. Me inspira saber que les sigues dando la mano, los escuchas y los ayudas a crecer. Sé que yo tengo la oportunidad de trabajar y volver a ahorrar para ir a la universidad. Pero de nada sirve que estudie y haga mi vida, si no ayudo a cambiar la vida de otros chavos. Ellos, como yo tenemos el potencial para hacer que nuestros sueños se conviertan en realidad. Solo es cuestión de confiar los unos en los otros y echarnos la mano –contestó–, con absoluta determinación.

Conmovida hasta las lágrimas tras la lección de vuelo que acababa de recibir, Sabina no pudo más que abrazar a su hijo con fuerza. Había llegado el momento de salir de la oscuridad y salir del capullo en el que se había encerrado. Era el momento de confiar en sí misma y extender las alas hacia la libertad que le brindaba el renacer como escritora.

El tiempo gélido y las magnolias

Priscila Lourdes Hernández Rico

El tiempo gélido y las magnolias

Priscila Lourdes Hernández Rico

El movimiento circular no se detenía, los engranajes de una máquina antigua seguían su marcha incansable, máquina de otro tiempo, un tiempo de guerra y ahora una chatarra funcional para todo tipo de proyectos. Los movimientos de las inmensas ruedas dentadas perforaban el exterior, a su paso la nieve y el hielo crujían, la punta cual tornillo, giraba libre pues aún no tenía roca que devorar.

Sin más que dar sentí un fuerte temblor en las piernas, el extremo cansancio y un frío creciente hacían que estas no se pudieran mover. Los peldaños que eran mi deber empujar una y otra vez se sentían como sólidas rocas. Levanté la mirada muy lentamente imaginando la molestia de los otros pilotos y cuando al fin fue inevitable el contacto con todos sus ojos, me percaté de algo increíble: nadie me estaba observando. Toda la atención de la tripulación estaba al frente en donde se encontraba la ventana más grande de nuestra máquina. Dirigí la mirada al igual que los demás y lo vi: Un gigantesco y macabro cañón.

Estaba perplejo, tan ensimismado que hasta el dolor que el frío provocaba en mis piernas me parecía la caricia de la ropa. La inmensa grieta me aterró hasta la médula, a mi parecer ese abismo podría tragarse la luna y nadie sabría de ella nunca más. Desde la lejanía se podían distinguir los filos del cañón, estos estaban cubiertos de formaciones de roca que asemejaban inmensas espinas o dientes de una criatura antigua.

Regresamos a nuestros puestos, un susurro se esparció por la nave:

"Por la mañana llegaremos al Abismo de sangre".

Mi curiosidad dominó al dolor en el último tramo del camino, llegamos exhaustos a un valle muerto. Recargué la cabeza en la tienda de descanso mientras veía como los otros salían y entraban a orinar o fumarse un cigarro, ¿Qué más se podía hacer? Y así observando el vaivén de hombres me quedé dormido. El arranque de la máquina produjo un estruendo y me despertó. Sobresaltado me amarré las botas y regresé a mí puesto, y pedaleé eufórico; así recorrimos un día más. Al llegar a un enorme monolito rojo que tenía un rostro esculpido en lo más alto, el capataz nos dio la orden de descender porque haríamos el último trecho a pie.

El viento era extremadamente frío y veloz, mis abrigos apenas podían cubrirme, mis manos estaban heladas a pesar de mis guantes. Me tapé la boca y la nariz con un pañuelo para combatir la tremenda pestilencia y el gélido viento.

Entramos al campamento del proyecto. Del lado derecho del área de demolición se encontraba una reja bastante alta que separaba el campamento de un río de lava y agua hirviente; este río en el filo del cañón caía estrepitosamente como una cascada.

Pasaron dos meses de frío extremo mientras todos los ingenieros de demolición planeábamos la colocación de dinamita. En ese tiempo, me percaté que cada cierto día llegaba a la cercanía del río una obscura carroza jalada por percherones azabache. En un pequeño remanso del río descendían varios hombres de rostro pintado, abrigos de piel blanca y antorchas. Los hombres bajaban cadáveres sin prisa, cantaban una canción gutural mientras golpeaban con mazos los cuerpos sin vida y después los hundían en el río. Vi cuerpos de perros, hombres, niños, mujeres e inclusive bebés ser triturados y lanzados a la altísima cascada de lava y agua verdosa. El agua cambiaba de color al entrar en contacto con los cuerpos, esta se encendía de un rojo intenso. Al final de su macabro ritual los hombres movían unas banderas a modo de señal y se marchaban.

Algunos días, escapaban de las densas nubes rayos de sol, entonces a lo lejos se observaba como varias torres con espejos trataban de apuntar todos los rastros de luz hacia una grieta del lado contrario del abismo. Esto era para mí, era un espectáculo impresionante, no entendía como los demás ni siquiera se atrevían a preguntar si todo este extraño caos tenía un motivo.

Llegaron mis primeros días de descanso y decidido a entender, me escabullí entre la reja y el río, llegué una larga escalera colgante… descendí. El aire movía toda la estructura a placer de los vientos invernales, me ardían los dedos cada vez que apretaba las cadenas de la escalera. Así soporté casi un día completo en descenso hasta que llegué a una pequeña isleta de roca en donde se encontraban varias barcas de hierro suficientemente fuertes para no fundirse en el río. Subí a una y remé con dirección a la grieta.

Mientras cruzaba, vislumbré a varias personas vestidas con pieles blancas removiendo el agua con largas varas, otras que se encontraban a la orilla sacaban del enorme río una tierrilla muy obscura que destellaba como la nieve en un día de sol. Varias mujeres recogían con dulzura la tierrilla y la depositaban en canastas, todas las canastas eran llevadas hasta una cueva, que era parte de la grieta que vi. Llegué a la boca de la cueva, pisé su tierra y entré sin vacilar, la gente que estaba allí ni siquiera me observó, casi podía sentir que yo no existía.

Ya dentro de la cueva, se abrió ante mí un puente lleno de magnolias, era atirantado, su tablero y obenques labrados, suspendido perfectamente en un meandro lleno de arbustos enormes y floreados.

Amarillas, rosas, violetas y blancas, ¡Magnolias enormes en un puente, por Dios! Del agua caliente, de los espejos y de la roca, estos hombres habían creado un impresionante puente viviente en lo más profundo de un abismo. Los arbustos no tenían fin, altos y floreados, la tierrilla era depositada en sus bases y el aire se perfumaba. Sin duda estaba parado entre naturaleza desbordante y una maravilla ingenieril. Crucé tan lentamente el puente que perdí la noción del tiempo y del hambre.

Al final del puente había una enormísima magnolia de flores blancas y destellos violeta, entre sus raíces y corteza, yacían cientos de canastas alimentando el arbusto y en medio de todo estaba la figura de una criatura que bien no puedo describir y el siguiente escrito:

"Son tus ojos dos cráneos, tus alas gélido látigo, tu piel ígnea, castigo, tu sangre, cruel mortaja. Es tu vientre mi puente a lo divino, son tus entrañas mi devoción y mi destino, ¡Madre! Acógeme que soy ceniza de estrellas y gloria. ¡Madre! Abrázame porque fui hombre y seré magnolia".

Con la mente hecha caos, regresé de prisa, solo pensaba en dejar intacto este lugar; subí los peldaños con terror mientras escuchaba como arriba las máquinas y las explosiones seguían su curso rompiendo los dientes del cañón, triturando sus formas y sus espinas. El hielo crujía, la roca rojiza se quejaba, sangraba agua y tierra mientras las pesadas moles creadas por la sabiduría de los elementos caían bajo el yugo de nuestras manos.

Llegué exhausto y lleno de una tremenda angustia, me abalancé sobre el arquitecto Montesco y le pedí que frenara las máquinas, que apagara las flamas, que nos fuéramos porque este lugar gélido y candente no valía la pena, que podríamos reconstruir otras cosas y buscar otros proyectos.

—Ésta pesadilla será demolida mi buen amigo; el río fétido será entubado; los feos espejos quebrados y la lava aprovechada —me contestó—

¿Pesadilla dice?, tal vez… pero dígame, ¿Quién lo hizo a usted juez?

—Le repliqué.

El arquitecto se echó a reír, me dio una palmada en la espalda y siguió con su trabajo. Mi corazón se fundió en lágrimas y estas se congelaron tan rápido en el gélido viento, que no salieron de mis ojos. Mientras dejaba mi efímero rastro sobre la nieve, una sola pregunta rondaba en mi cabeza:

¿Qué obsesión tiene la modernidad de hacer homogéneos todos los lugares que toca?

No tenía ningún tipo de devoción por esa tierra y, aun así, sentí un gran vacío creciendo en el mundo y en mi interior. Lo único que me quedaba era la renuncia así que la tomé.

Sin saber nada mas de esos hombres y sus tierras, regrese a la ciudad que me vio nacer. Y así camino, sin prisa ni orgullo bajo un día soleado: más viejo, sin un dedo, con una magnolia en la solapa, con una pena en el alma y con la única determinación de dedicarme a la reconstrucción de puentes.

Ingeniera y soñadora de puentes

Teresa Luengo-Cid

Ingeniera y soñadora de puentes

Teresa Luengo-Cid

Si yo fuese ingeniera de puentes…
Diseñaría
El puente del conocimiento,
Para combatir la ignorancia humana.
Trazaría
El puente de la sabiduría,
Para darle alas a la imaginación.
Crearía
El puente de la esperanza,
Para darles aliento al hombre y al planeta.

Extendería
El puente del entendimiento
Para ofrecer paso a la discordia.
Me pasearía
Por el puente de la igualdad,
Para contemplar el cauce de agua acompasada, camino al mar.

Me refugiaría
Bajo el puente del perdón
Para navegar libre de cargas pesadas por el río de la vida.

Delinearía
Puentes para conectar a los desconocidos
Que se ahogan por encontrarse a sí mismos

Cruzaría

Puentes de un lado a otro,
Trayendo, llevando y cosechando paz.

Proyectaría
Puentes entre culturas y religiones
Para acabar con la necedad de cometer delitos y guerras
Por querer ser más que los demás.

Planearía
Puentes de juguete, para los niños que ya no saben jugar
Y para los padres que se han olvidado,
Que el tiempo que dedican a sus hijos
Es sin duda el mejor regalo que les puedan otorgar.

Construiría
Puentes robustos, con el armazón de piedra de verdad
Para erradicar la mentira, el hambre y la maldad.

Levantaría
Puentes de un material reciclado, de un material ejemplar,
Para dar ejemplo del uso de los recursos,
Y de que todos podemos elegir entre cuidar o desperdiciar.

Adornaría
Los puentes del mundo con estatuas de la libertad
Para recordarle a los tiranos,
Que los puentes son del pueblo
Del pueblo y de nadie más.

Me subiría
Al puente más alto
A divertirme y respirar,
Haría bungee jumping
Para sentir la adrenalina
La sangre, el palpitar...

Si en mis sueños tuviese la magia de crear puentes...

Delinearía
Puentes entre la vida y la muerte.

Recorrería
Tiempos, mundos, gentes…

Soñaría
Con el puente de la eternidad.

Viajaría
De la tierra a la luna con Julio Verne
Con billete de ida y vuelta o con un pase de nunca jamás.

Exploraría
El inmenso universo, aún por desvelar
Y escribiría hasta ya no poder más.

Esperanza

Verónica Luongo

Esperanza

Verónica Luongo

Apenas se bajó del autobús en Belltown, Esperanza recibió la llamada de su compañera de trabajo diciéndole que no se apareciera por el hotel. Unos oficiales de inmigración habían llegado y se habían llevado a un par de compañeros de trabajo que no tenían permiso de residencia o trabajo.

La angustia invadió a Esperanza y la paralizó por varios minutos. ¿La habrían detenido a ella si hubiera estado allí? ¿Podría volver a su trabajo al día siguiente? ¿La irían a buscar a su casa? Esperanza tampoco tenía su documentación que la habilitaba para quedarse en los Estados Unidos y trabajar aquí. Pensó en llamar a un abogado, pensó en llamar a su jefa. Pero estaba demasiado confundida y desorientada.

Caminó un par de cuadras y se encontró parada en Tillikum Place. La estatua de Chief Seattle, en su eterno saludo, brillaba a los tímidos rayos de sol.

Esperanza se sentó a los pies de la estatua y agachó la cabeza. La vida le pesaba demasiado. ¿Qué haría si se tenía que ir de los Estados Unidos? Ya casi no tenía familia en su país.

A su alrededor, la vida continuaba con ritmo normal. Los automóviles y autobuses se desplazaban lenta y trabajosamente por Denny Way intentando hacer llegar a sus pasajeros a tiempo a sus trabajos. El monorail pasaba sin apuro a intervalos constantes. Los trabajadores de los restaurantes de la cuadra sacaban los anuncios y limpiaban las veredas. Los brillantes cuervos saltaban desconfiados cuando éstos se acercaban. El aroma a pizza cocinándose invitaba a cruzar la calle. Pero nadie prestaba atención a Esperanza mientras ella se perdía en sus pensamientos.

Una fuerte y clara voz a su espalda le dijo:

-Todos somos de aquí mientras estamos de paso.

Esperanza se dio vuelta bruscamente pero no vio a nadie. Giró la cabeza hacia el empleado que estaba abriendo la puerta del restaurante para preguntarle si era él quien le había hablado, pero se dio cuenta que el hombre ni siquiera parecía haber oído nada.

-Soy yo, Seattle, y te hablo a ti Esperanza, la que vino del sur y ahora está perdida aquí en el norte.

Esperanza se dio vuelta y quedó de frente a la estatua de Chief Seattle, pensó que se estaba imaginando cosas, en este día que no podía volverse peor de lo que estaba. Pero no pudo luchar contra la tentación de seguir la conversación.

- ¿Cómo sabe mi nombre y de dónde vengo?

-He estado aquí parado por años, tengo tiempo para ver a todos y todo.

-Pues no creo que haya visto lo que pasó hoy en mi trabajo. Van a deportar a algunos de mis compañeros. Y yo no sé si puedo volver allí o a mi casa. No sé si me puedo quedar en este país. Tampoco sé a dónde iría si me tengo que ir. Ya no tengo familia en el lugar de donde vengo. Probablemente no conseguiría trabajo. Sería como volver a ser inmigrante.

La voz de Esperanza se quebró. No quería llorar, menos aún frente a una estatua. Pero sintió el nudo en la garganta y las lágrimas empujando por salir.

-No te engañes Esperanza. ¿Tú crees que los ciudadanos de este país tienen una mejor vida que la tuya? Mira hacia tu izquierda, en el callejón. ¿Ves esa manta tirada, como si fuera un capullo de mariposa? De allí no salió una mariposa. Allí durmió anoche un estadounidense de tercera generación. Se lo llevaron esta madrugada en una ambulancia. Como tú, no tiene familia, no tiene trabajo, y ahora tiene problemas de salud. Ya no tiene casa. Pero tiene aún menos que tú; nunca ha salido de Seattle. Nunca se ha ido del lugar de donde nació. No tiene el valor para hacerlo.

Esperanza dio un pequeño salto. Las últimas palabras fueron como un choque eléctrico que encendieron su rabia.

-Fue muy difícil irme de mi país, instalarme aquí. No sé si podría volver a hacerlo. ¿Y usted que sabe Chief Seattle sobre el valor que se necesita para irse de un lugar a otro? Que yo sepa usted nunca emigró tampoco.

-Es verdad, yo solo me he movido unas pocas cuadras. Pero llevo en mi sangre el recuerdo de mis ancestros. Como los tuyos, Esperanza, los míos cruzaron el puente que se formó en el estrecho de Bering cuando los hielos hicieron bajar el nivel del mar hace miles de años. Tu sangre y la mía cruzaron ese puente, tal vez en distintas oportunidades porque los puentes aparecieron y se hundieron varias veces a lo largo del tiempo. Pero tus antepasados y los míos cruzaron ese puente y no tuvieron retorno, pasarían muchos siglos para que el puente volviera a formarse. Es verdad que no existía ningún departamento de inmigración, pero el hambre y la esperanza de una vida mejor los hizo continuar su movimiento hacia el sur. Formaron comunidades y tuvieron una buena vida.

-Pero usted se quedó, Chief. Nunca se fue del área del Puget Sound. Ni siquiera cuando a su comunidad le robaron todas sus tierras.

-Yo creí que estaba construyendo un puente hacia una mejor vida para mi gente. No pude ver ese puente ni ningún otro, Esperanza. Me quedé y mi gente perdió sus tierras y su cultura. Pero aquí estoy, muchos de mis descendientes también, a pesar de todo. Y tú también. No te pierdas a ti misma. Recuerda que los puentes aparecen y desaparecen. Las prisiones y las salidas son todas temporarias. Y si alguien te pregunta de dónde eres, contesta que, como todos, eres ciudadana del planeta. Que yo te di permiso para quedarte. Si aun así tienes que irte, recuerda que no hay mal que dure cien años, y los puentes volverán a aparecer para que regreses.

Esperanza sintió que el día se había vuelto más luminoso. Se paró, caminó los pocos pasos que la separaban de la estatua y la abrazó.

- ¡Gracias Chief! Usted se merece una estatua más grande que ésta. Me ha devuelto la fe en el futuro.

-De nada, Esperanza. Y ahora por favor muévete hacia un lado. Me estás tapando la vista del Puget Sound.

El puente

Rocío Luquero Núñez

El puente

Rocío Luquero Núñez

El nombre oficial de mi escuela primaria era Concepción Arenal, pero todo el mundo lo conocía como "el Puente" debido a su proximidad al Puente de Toledo que le proporcionó ese apelativo cariñoso. "El Puente" estaba situado muy cerca de las orillas del río Manzanares, ese río escueto y entonces tan desamparado, que atraviesa mi querido Madrid. Desde el colegio nunca se pudo ver el río ya que el muro de hormigón de la autopista M-30 separaba la zona del patio de recreo de la rivera. Esa autopista que nos robó medio patio a pesar de las muchas promesas de ampliación que las autoridades dieron pero que jamás llegaron a cumplir.

En mi barrio de clase obrera, la mayoría eran inmigrantes de otras provincias, y podían elegir entre dos escuelas, mi madre eligió este cole para educar a sus tres hijos por parecerle que ofrecía mejor educación y ubicación. Estaba en la calle Antonio López, calle principal, justo frente al mercado donde a diario mi madre hacía la compra después de dejarnos en la entrada de la escuela. Los tres tuvimos experiencias muy diferentes en ese mismo edificio; mi hermana encontró su entorno social pero nunca sedimentó su valía académica, yo triunfé con sobresalientes en todas las materias y era capitana en los deportes; mi hermano pasó con más pena que gloria por una educación arcaica e ignorante de las destrezas y dificultades de un estudiante con dislexia.

Caminábamos en los años setenta. Era una época regida por valores conservadores y centrados en la familia y la decencia. De mis primeros dos años en el parvulario apenas recuerdo nada, una clase grande y una maestra impaciente. Unos baños fríos con ventanas enormes y una desazón en el pecho al separarme de mi madre. Pero recuerdo mi interés temprano por los libros y las historias, los lápices de colores y los cuadernos me fascinaban. Para cuando llegué al primer grado ya podía leer y había escrito mi primera poesía, un canto de cuna. Mi hermana iba dos años por delante de mí, y nos separaba un abismo. Mi hermano cursaba un año detrás de mí, pero ni ilusión le hizo comprar su primera mochila, mucho menos ir todos los días a un sitio donde se sentía perdido.

En esos años escolares conocí a mi amiga Mari Paz Hernández Bahíllo que se convirtió en mi amiga del alma hasta que terminamos el octavo grado. Mi amistad con mi vecina Gracia Roales Barrera se cimentó en ese ir y venir de la casa al cole cuatro veces al día, ya que nuestro horario era de 9 a 12 en la mañana, a casa a comer y luego regresábamos de 3 a 5. También Asun y yo nos hicimos íntimas amigas en séptimo grado cuando la pregunté si quería ir a la discoteca Oxford a bailar y me dijo que si, ante mi sorpresa por lo modosa y calladita que era, pero fue la única que se atrevió a mentir a sus padres y arriesgarse a ir a un lugar prohibido para nosotras.

En esa escuela hice mis primeros pinitos de pintora, escritora y jefa de grupo. Era la líder en el recreo, la que elegía equipos para jugar al rescate, y la capitana del equipo de balonmano. Ayudaba a mis compañeras más atrasadas con sus tareas y llegué a corregir sus exámenes y darles notas como me pedían las maestras.

Fue en el patio de "el Puente" que sentí por primera vez un hormigueo en mis entrañas cuando estaba cerca del chico que me gustaba, Jesús Tiradas, quien jamás me hizo caso alguno.

De mis maestras recuerdo especialmente a la Señorita Rosita que mandaba a su hija alguna tarde a darnos clase cuando ella no podía venir. A la Señorita Asunción por sus historias detalladas de cuando vivió en las colonias de España en África. A la Señorita Cecilia porque nos hacía cantar el Cara al Sol, canción franquista que, a mí, ajena a la política, me parecía divertida y tierna. La Señorita Juana fue de lo mejor que nos tocó, se ganó nuestro cariño y lealtad cuando pasamos a los cursos mayores, desafortunadamente murió por problemas de hígado, el alcoholismo la mató. Y a la que todos recordaremos es a Carmen Costa, quien con su caminar de militar, su voz de general y su enseñar de sargento se había ganado el miedo de todos.

Eran unos tiempos grises y recios. Las mujeres se dedicaban a sus labores, a servir al marido y atender a los hijos. Ser hacendosa, recatada y pura eran las directrices. Estas reglas rígidas provocaban que al menor desvío de las normas, los rumores y malas miradas asediaran a los que osaban ignorarlas. La madre de mi compañera Susana Peláez se decía que era puta por trabajar fuera de casa como secretaria. Nosotros éramos obligados a decir a cualquiera que nos preguntara por mi padre, que viajaba mucho antes que delatar que se había ido a vivir con "otra".

La muerte de nuestro Caudillo Francisco Franco ocurrió en noviembre del 1975 después de casi cuarenta años de dictadura y abrió la puerta de lo que sería el cambio político y social más drástico de la Europa moderna.

Yo tenía diez años y cursaba el quinto grado. La escuela, el barrio, y la ciudad entera se llenaron de un vacío extraño y lleno de anticipación. En el colegio apareció la Guardia Civil y entre cuchicheos los maestros fueron descubriendo su fallecimiento.

Para cuando los tres hermanos llegamos a casa, todo el país se había enterado. Mi madre estaba triste por la muerte del Generalísimo, como se hacía llamar, a pesar de que su padre fue un rojo de corazón a quien la muerte le alcanzó antes que a Franco; para ella fue la pérdida de una figura patriarcal con la que se había criado desde niña. Aun así, en los ojos de mi madre había también una chispa de osadía, de querer desterrar el clasismo que hacía de ella una esposa abandonada y avergonzada. Mi hermano lloró sin saber bien porqué, mi hermana se alegró porque no habría cole por varios días. Yo sentía tristeza y cierta euforia como si anticipara los vientos que se avecinaban y que ampliarían las posibilidades de mi vida enormemente.

El resto de ese curso escolar las cosas no cambiaron demasiado en mi escuela. El Guti seguía siendo el malo del cole, los chicos jugaban al fútbol y las chicas a balonmano, las maestras cobraban cien pesetas al mes por una hora diaria de clases extra que llamaban "permanencias" y que a mí me dejaban tomar gratis porque era tan buena estudiante. En mi casa continuaban las escaseces económicas y se multiplicaban las manifestaciones que exigían, sin pleitesía alguna al dictador, una democracia legítima.

Para cuando llegué al sexto grado nos cambiaron al tercer piso de "el Puente". Éramos ahora de los mayores del cole y nos hicimos más indómitos. Franco había muerto hacía un año y el cambio era imparable. Llegaban maestros más jóvenes a impartir clases, se hacían llamar simplemente por sus nombres de pila y hablaban de temas liberales. La sociedad cambiaba y con ella las prioridades. De comprarte el ajuar para cuando te cases, las madres, con ojos arrepentidos por su esclavitud al hogar, ahora te pedían que estudiaras y fueras a la Universidad. Sin embargo, en el tema sexual la represión larga y honda continuaba exigiendo que llegáramos vírgenes al matrimonio y no anduviéramos con chicos por ahí haciendo de "golfas'.

Salí de "el Puente" a los catorce años después de haber experimentado mi primer período, mis primeros besos, mis primeras salidas a escondidas, mi primer cigarrillo y mis primeras peleas con mi madre. Dentro de mí se quedaron para siempre sus olores, sus paredes, sus estudiantes, las maestras, y miles de lecciones. Ese fue mi puente, a veces sólido, a veces no, pero un puente que me llevó de la inocencia a la rebeldía y las ganas de ser libre. Un puente a un futuro mejor.

Jorsala

Kenneth Geraldo Martínez Martínez

Jorsala

Kenneth Geraldo Martínez Martínez

Shlomo

El reino de Jorsala había estado dividido desde hacía mucho tiempo. Técnicamente, la misma tierra le pertenecía tanto a los orientales como a los occidentales. Pero en la práctica, el gran río dividía asentamientos de ambas culturas. Aunque adoraban al mismo Dios, sus pueblos se habían separado hacía siglos debido a rencillas que ya nadie recordaba. A pesar de compartir un mismo libro sagrado, sus corazones eran muy diferentes. Cada uno veía al otro como la personificación de la maldad y la injusticia. Ambos reinos tenían caminos que llevaban más hacia el este o al oeste, pero ninguno que llevara al reino opuesto.

El gran río no tenía puentes desde hacía diez generaciones, de modo que no había forma de llegar de un reino al otro.

Pero nada de eso le importaba a Shlomo. Él había recibido la visión de un ángel. Le había dicho que su futura esposa se encontraba del otro lado del río. A sus once años, no le importaba ni la distancia, ni los prejuicios de su época. Se había hecho el firme propósito de construir un puente e ir en búsqueda de su amada.

—Los ángeles no se comunican con niños —le reprochaba su padre.

—El mío sí —contestaba Shlomo cansinamente.

—Estás muy joven para casarte —le recordaba su madre.

—No me casaré cuando la conozca; primero tengo que enamorarla.

Sus demás familiares no eran tan suaves con él. Le decían que nada bueno podría venir del otro lado del río, que esa gente era simplona, estúpida, que adoraban a un dios falso.

—¿No somos todos hijos de tierra? —respondía él, increíblemente articulado para su edad—. ¿No reímos igual y lloramos igual?

—Pero Shlomo, esa gente es mala. Si consigues cruzar te harán daño.

—Mi ángel me reveló que no veré la muerte hasta que conozca a mi esposa.

Cada día, después de completar sus tareas caseras, se dedicaba a diseñar el puente que atravesaría el río.

Sus papás, Jacobo y Miriam, se preocupaban ante la determinación de su hijo, pero no se atrevían a prohibirle nada, en caso de que, la revelación fuera real y se encontraran luchando contra el Altísimo.

Una mañana, acompañado de su hermano menor, emprendió el viaje para construir el puente. Tomó la carreta y dejó una nota, prometiendo que Daniel volvería esa misma noche, y él unos días después.

—¿Cómo es ella? —preguntó Daniel, de tan solo ocho años, cuando descargaban los materiales.

—Tiene la piel quemada. Su cabello es largo y sonríe con los ojos.

—¿Todo eso te lo dijo el ángel?

—No me lo dijo. -Me lo mostró. Al contestar, Shlomo recordó el día de su visión. Buscaba una oveja extraviada cerca del manantial del río. Era de mañana y había neblina por todos lados. Entre jirones de nube, vio a lo lejos a su esposa, acaso de su misma edad, alegre y vivaracha. Iba acompañada de un anciano. El corazón de Shlomo quedó arrobado por su belleza mientras su ángel le susurraba: "he aquí tu futura esposa".

El día no terminó bien. Los guardias del reino los descubrieron al medio día y se armó un escándalo. Los niños fueron llevados a sus padres y la construcción tirada al río. La cosa llegó a los oídos del gobernador, quien amenazó a los padres de condenar al niño a trabajo forzado por cinco años. Esta vez Jacobo y Miriam no tuvieron más remedio que castigarlo, prohibiéndole terminantemente volver a mencionar el puente, el reino del este, o cualquier revelación. Shlomo asintió en medio del llanto, sin decir una sola palabra.

La peripecia permaneció quieta varios meses, hasta que una mañana Shlomo no se presentó a desayunar. Lo buscaron por toda la casa y se dieron cuenta que la carreta no estaba. Temiendo lo peor, interrogaron a Daniel hasta que éste confesó que su hermano había huido en la madrugada para construir el puente y buscar a su esposa. Sus padres, aterrados, salieron sin avisarle a nadie más, preocupados que Shlomo fuera enviado a trabajos forzados. Al llegar a la rivera encontraron un puente perfectamente construido y el caballo atado en él. Su mamá soltó a llorar desesperada.

Mientras Jacobo y Miriam discutían qué debían hacer, llegó un escuadrón a caballo, apuntándoles con grandes escopetas. Después de explicarles la situación, Miriam les rogó que atravesaran y rescataran a su pequeño.

—Es imposible que una armada cruce al reino del este. Estaríamos comenzando una guerra.

—¡Me importa un bledo! ¡Vayan y rescaten a mi hijo!

—Me temo que es imposible. A decir verdad, tendremos que destruir el puente y llevarlos a interrogación.

A mitad del altercado se escuchó un estruendo. Una marabunta de personas se acercaba al puente gritando y cantando en un idioma ininteligible. Uno de ellos traía a Shlomo herido e inconsciente en sus brazos. Lo depositó en el umbral del puente mientras los demás prendían fuego a los barandales. Miriam, impulsada por su instinto materno, corrió y tomó a su hijo mientras la multitud le gritaba y escupía. Apenas alcanzó a regresar con su esposo y la tropa, antes que el fuego consumiera el puente y cayera al río.

El niño no murió, ni fue prisión. Pero el suceso causó la tensión política más aguda de aquella generación. Los reinos estuvieron a punto de enfrentarse. Vallas de ambos lados fueron construidas. Para algunos, el pequeño se convirtió en el valiente que sobrevivió el ataque de salvajes. Para otros, el idiota que casi comenzó una guerra. Shlomo, por su parte, nunca más volvió a construir un puente.

Salma

Salma había ido a visitar la tumba de su abuelo. En el reino del este ponían una columna de piedra arriba de la lápida, justo donde estaba la cabeza del difunto. Se decía que el acusador robaba las almas tomándolas por la cabeza, de modo que éste era el mejor remedio para proteger a los que descansaban.

—Eras una buena persona, abu.

La joven recordó cómo desde pequeña su abuelo le había enseñado a amar a todo y a todos. Él nunca tomó en serio la separación de Jorsala.

"Somos un mismo pueblo. Tenemos una misma alma" le decía cuando la llevaba a pasear al río. "Nunca dejes que te envenenen los prejuicios, Salmita. Las personas de aquel lado del río son buenas". O a veces decía "las personas de este lado del río son buenas", pues él y sólo él tenía una cueva secreta que pasaba debajo del río y llegaba al reino de occidente. Al menos una vez al año llevaba a su nieta al otro lado para rezar por la unidad. "Mira, Salmita: es la misma tierra, es el mismo cielo. Las divisiones son artificiales".

La entonces niña creía ciegamente en su abu. Para ella no había división. Por eso, cuando un niño extranjero la saludó hacía más de quince años, ella le respondió de forma natural con el poco idioma que le había enseñado su abuelo. "Shalom" dijo ella. El niño, que debía tener su edad, le besó la mano, y le entregó una flor.

Hasta la fecha no se explicaba cómo había entendido el mensaje del extraño, pero lo había hecho cuando él le dijo: "un ángel me dijo que vas a ser mi esposa. No ahora, no hoy. Pero volveré por ti. Descubriré donde vives. Dejaré una flor en tu ventana, y esa será la señal para que vengas al río para casarnos. Ahora, debo irme. Creo que alguien me sigue".

Cuando Salma le comentó el episodio a su abuelo, él sonrió. "¿Debería ir, abu? Sólo soy una niña". Él le acarició el rostro. "Aquí estoy yo para defenderte. Iré contigo y conoceré a tu pretendiente".

Eso era todo lo que ella necesitaba. Pasaron semanas y ella se levantaba muy temprano a ver si por fortuna había una flor en el alfeizar de la ventana. Su esperanza no murió cuando la situación política se tensó debido a unos bandidos de occidente que habían incursionado en el reino. Tampoco murió cuando el gobernador emitió el decreto de construir una valla a lo largo del río.

Pero su fe comenzó a flaquear conforme los años pasaron. Sobre todo, cuando su abuelo enfermó.

—Abu, no puedes irte. Mi pretendiente aún no ha llegado —le dijo en su lecho de muerte.

—Salmita, ya eres toda una adulta. Cuando él venga, podrás evaluarlo tú misma y decidir si vale la pena.

—Pero ni siquiera sabré donde encontrarlo. -El río es enorme.

Abu guiñó el ojo, y ella entendió. La forma de comprobar si su pretendiente era digno, era si descubría la cueva que su abuelo y ella habían usado para entrar a hurtadillas a occidente. Si recibía la flor, lo buscaría ahí.

Su abuelo había muerto cinco años atrás, cuando ella tenía veintiuno. Sin su brújula moral, Salma comenzó a apropiarse del ethos del reino. Las otras voces comenzaron a parecer más lógicas. Sin notarlo, empezó a gloriarse en la valla y en la superioridad de su pueblo. El tiempo pasó, y su corazón se cerró. Dejó de esperar su flor.

—Eras una buena persona, abu —siguió diciendo Salma a la cripta—. Pero eras demasiado ingenuo. La gente es mala. En ambos lados del río, claro. Pero nosotros aún amamos a Dios y a la familia. Ellos no.

Dejó el cementerio y antes de regresar a casa pasó al bazar a comprar alimentos. Mustafá la vio y la saludó. La invitó a ir a cenar a su casa, con sus papás, y ella le dijo que lo pensaría.

Llegó a casa y al alzar la vista dejó caer sus bolsas. Sobresaltada, corrió al segundo piso y abrió la ventana. Sus labios estaban secos, su corazón retumbaba. En el alfeizar había una maceta gris, con una rosa de color rosa y un anillo de plata adornando el tallo. Salma sonrío emocionada.

La evolución del espacio entre tú y yo

Anna Masako Hanson

La evolución del espacio entre tú y yo

Anna Masako Hanson

La mirada
Conocí tus ojos tiernos en los días prehistóricos.
Pedazos de chocolate que saborearía en el fin de la edad del hambre.
A través de la invención de la canción de amor y el primer amanecer de tu sonrisa. Con las mañanas de mangos maduros y pelo desarreglado y con las horas que la luz de la luna nos pintaba como un Film Noir, olvidamos la definición de desconocido.

Las manos
Tomé tus manos en las mías el día en el que el miedo nos mordía los talones.
Era la Teoría de la Evolución. Con las balas en el cielo, de la envidia, la duda y la culpa— disparadas por pistolas ideológicas. Llenos de agujeros, no estábamos enteros, pero nuestras manos permanecieron entrelazadas.
Intactas y arrugadas como una historia transcrita de la lucha de los amantes.

El puente
Bajan tus brazos a los míos, porque los barcos invisibles que transportan nuestros miedos han pasado. Las bisagras de nuestros codos han sido engrasadas con una fórmula de tiempos difíciles y paciencia indestructible. Vivimos en una tierra de terremotos y un mar de monstruos, y con cada ráfaga de viento y onda aplastante, nos abrazamos fuertemente con semejanza y diferencia. Nos abrazamos fuertemente en el equilibrio de amor.

Serpientes y escaleras

Dalia J. Maxum

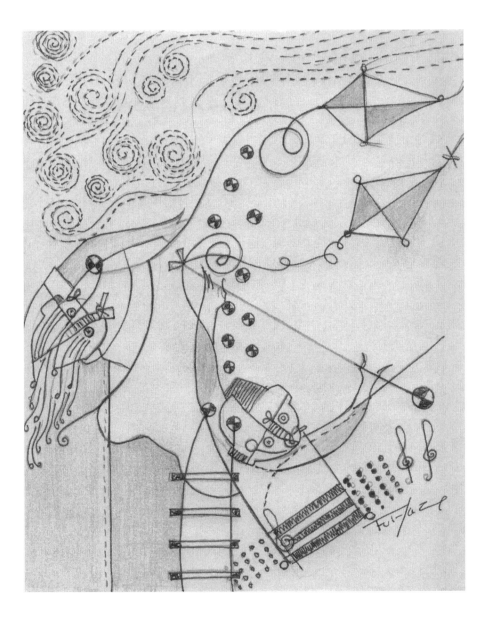

Serpientes y escaleras

Dalia J. Maxum

Algunos días tengo recuerdos, visiones, de una niña que pinté en óleo. La niña era como regordeta, de cabellos rubios y café intenso. Sus cabellos estaban entrelazados a un papalote. Ella corría hacia el desfiladero, como siguiendo el cometa, su vestido era azul y volaba con el viento. Muchas veces me pregunto si ella hubiera caído o si el papalote la hubiera elevado sobre las colinas.

Cuando pienso en por qué se me ocurrió esa imagen, creo que es porque yo interpretaba la estática como algo seguro, pero muy aburrido; no me ofrecía nada. Sin embargo, ese papalote en mi cabeza me ofrecía siempre estar persiguiendo algo. Ese desfiladero al final de la colina eran los miedos, el vacío, el error, la voz que te llama irremediablemente a lo desconocido aunque no te guste, porque lo desconocido espanta y a veces se ve como ese hoyo al final de la montaña. En mi pintura y mis visiones la niña de todas formas corría. Creo que eso define mi vida.

A mí, la mayoría de las cosas no me han pasado, las he buscado. He tirado los dados; a veces he subido y a veces he bajado, como en el juego de serpientes y escaleras. En todas esas pequeñas victorias o cahídas he formado puentes, los puentes del alma que ahora me tienen escribiendo este texto.

Desde pequeña me aventuré a los mercados, lugares llenos de aromas, colores y sabores pero también de asfalto, lluvia y cansancio. Mi madre no quería llevarme a vender con ella. Un día yo me escondí en el autobús y cuando ella se dio cuenta, era muy tarde para regresarme. Tenía que vender, porque si no "no resultaba" y mi presencia lastimaba la economía familiar si sólo iba de paseo. Claro que esa era mi intención inicial, pero al final comprendí que hay que trabajar duro y que con el producto de tu trabajo puedes viajar y comprarte lo que sea. Para mí, eso era una paleta de vainilla con cubierta de chocolate. A veces dos. Era inmensamente feliz con mi recompensa.

Creé una conexión con Dios y una conexión conmigo misma. De mis ventas dependían más viajes a lugares remotos, más paletas de muchos sabores, pero también la comida en la mesa. Había días que cuando todo se veía perdido y las ventas estaban muy malas, sólo un milagro nos ayudaba. Nunca perdíamos la esperanza. Era un sentimiento maravilloso. El puente de la fe estaba formado.

Me fascinaba viajar al pueblo de mi abuela para la fiesta anual. El basquetbol era una tradición muy importante y en los torneos se premiaban a los mejores equipos que venían de lugares lejanos. Un día vi al muchacho más guapo del mundo. Estaba jugando con una pelota mientras el equipo de su pueblo se preparaba para un gran partido. Sentí mariposas en el estomago, o más bien sentí que un ave me apretó el corazón como por tres segundos. Pasó un año, y justo un día que caminábamos para la casa de mi abuela lo volví a ver.

Veníamos de regreso de la ciudad, donde junto con mi tía y mi hermana, estudiábamos. En la casa, y desde la perspectiva de mi mamá, lo mejor del mundo siempre fue ir a la mejor escuela posible. Para mi papá era lo obvio, lo más natural, leer y aprender, él es un ejemplo. Tuve mucha suerte. Bueno, regresando a lo importante de mi cabeza adolescente: ¡El muchacho! Por alguna razón inexplicable yo sentí que él también me reconoció cuando lo vi en esa calle por segunda vez. Una semana después me dio mi primer beso de amor. Creé un sentimiento fuerte hacia el romance y hacia otro ser humano. Creé un puente de autoconfianza en mi misma, en el universo, en los sueños que se hacen relidad, en el romanticismo infinito.

Cuando llegó el momento de ir a la universidad, yo estaba muy enojada, muy frustrada y muy desesperada y todas las palabras que terminan en ada, en su aspecto más negativo y que no puedo poner aquí. La razón era que no podía ir a estudiar a la ciudad de México. No era una posibilidad realista y mis padres me lo dejaron muy claro.

Tomé la decisión más importante de mi vida cuando decidí ser instructora comunitaria para poder entrar al CIDE. La primera vez no había podido pasar el proceso de admisión, por supuesto fue muy doloroso, sobre todo porque esa escuela era una gran oportunidad por su excelente sistema de becas. Yo sabía cuales eran mis áreas débiles. Durante la preparatoria, yo trabajaba y estudiaba, en mis tiempos libres jugaba basquet, me iba a torneos los fines de semana para seguir jugando basquet y "ganarme un dinerito", en las noches nos escapabamos a los bailes, además iba a todas las tardeadas de la escuela y "noches de luz y sonido" posibles. Bailaba como loca hasta que mi ropa literalmente estaba mojada. El espacio para las tareas estaba después de todas estas actividades.

Mi experiencia como maestra en las montañas de Oaxaca me ubico en la realidad, fue un golpe seco, como cuando inhalas cuando estás tomando un baño con agua muy fría. Creé el puente del agradecimiento. Desde estas montañas mi casa ya no parecía tan pequeña, mi ropa ya no era tan poca, mis posibilidades eran enormes, y yo de hecho parecía muy afortunada. Dejé de estar tan enojada.

Una tarde, mientras me tomaba un te de manzana silvestre con canela y veía los pinos interminables, a través de la ventana de una de las casas de ese pueblo enclavado en las montañas de la sierra sur, entendí que ese momento era uno de los más bellos de mi vida. Mis prioridades se reacomodaron, mi concepto sobre riqueza y pobreza cambió para siempre. Yo jamás sería tan rica como en ese instante de mi vida. Trabajé más duro, me dejé de quejar y entré a la universidad que yo quería para poder vivir en la ciudad de mis sueños: la capital de mi país.

Una vez en la universidad, en una de las multiples conferencias a las que fui, escuché al Secretario General de la OEA decir que quien que no hablaba inglés era un analfabeta universal. En ese momento me pareció muy pretencioso de su parte, claro que él estaba dando una plática académica y quería incentivarnos a aprender inglés. No fue sino hasta que viví en Vancouver por un mes, tratando de aprender inglés, que entendí la relevancia de esta lengua. Me propuse aprenderla y decidí que para eso tenía que vivir en un país angloparlate. Empecé a venir a Seattle con ese objetivo. Estudié en diversas escuelas, nunca lo suficiente porque siempre tenía que trabajar.

Al principio, fue muy difícil aceptar tres cosas:

1. Que siempre tendría un 'cute accent'

2. Que jamás podría hablar tan rápida y articuladamente en inglés como hablo en español y

3. Que tenía que pensar en inglés y dejar de traducir. ¿Se imaginan?

Aquí conocí al amor de mi vida, y construí el puente de la tolerancia. Vivir con una persona que no es de tu mismo país, tampoco habla tu misma lengua, y culturalmente es muy diferente, es un reto inmenso. Cuando supe que me mudaba a Seattle y que no era más la ciudad para aprender inglés, revaloré el español.

He atesorado cada manifestación del español y los espacios para compartir mis letras en mi lengua.

No he sido tan virtuosa como el juego de serpientes y escaleras pretende enseñarnos, la idea del juego es enfatizar una vida de virtudes que están representada por las escaleras y los vicios por las serpientes. Al contrario, creo que a veces esas serpientes que te hacen caer, te hacen aprender y por lo tanto avanzar. No hay un jugador de este juego que no haya retrocedido para haber ganado.

El roble y la tierra vieja

José Maya López

El roble y la tierra vieja

José Maya López

Casco de la Hacienda de Los Lobos, mayo 3 de 1910.

Mi querencia:

Ahora después del correr de los años y tu ausencia, busco en mis recuerdos aquellos años de la madre encinta. Después el ser tan indefenso, tierno y frágil que aún buscaba en lo obscuro rozar aquella entraña y su calor, con la innata ansiedad por llenarse de luz y libertad.

Pero el rumor del tiempo y los ecos del viento sujetaron tu desarrollo y en su conjunto corrieron. Los segundos y los días no paraban su ligero y constante trote, hasta que vieron cambiar las tenues líneas y formas, esencia concreta del brote en la tierna rama que crecía.

Aquel día la milpa doraba el campo, había que cosechar y llevar a la troje los productos de labor; de pronto ahí estabas ya, plantado en tierra movido al antojo del viento, de norte a este y de sur a mí… de mi a la vida, encontrándote a ti mismo y poseyendo únicamente un terruño, una herencia solariega, y dispuesto a enfrentar el temporal que avecinaba.

Sólo de mirarte me hacías otro; yo tan rudo, manazas torpes, nudosas y reacias, pero suaves al sentirte, eras uno solo y a mí me hacías sentir un todo.

La lluvia repiqueteaba en la techumbre, deslizándose en pendiente hasta caer y formar arroyuelos, acrisolándose en los zurcos recién labrados en un serpentear reverberante trasminándose al interior del jacal, donde veo transformado aquel pasado que trasciende hacia ti y a las mil preguntas e infinitos por qué incansables y sabios.

De pasos ensayados y de preguntas agotadas no satisfechas, tu paciencia se agotó, reclamando internamente al tiempo y al aire que volvieron a correr unidos en un trote incansable, buscando llegar a los linderos del lejano y ansiado horizonte del conocimiento y el saber.

Hace frío, los árboles mudos y secos al crujir susurran tu primera ausencia del cortijo, cuestionando en suaves murmullos si regresarás, pero... un momento... ¡ahí vuelves!, vadeando el riachuelo, saltando cantando y presumiendo tus primeras letras, creciendo robusto al conjuro del conocimiento; mi estío divisa claramente la persistencia en tu saber y en tu crecer, apoyados por un manantial y savia inagotables como sabiduría que alimenta las raíces y llena tu cuerpo. Brazos y ramas construyendo un espacio frondoso y gigantesco.

Después de que el tiempo agotó su marcha y el aire menguó, realizado estás de vuelta. Cuando en el otero tu silueta se perfila engrandecida en el crepúsculo sobre mi tierra pródiga, visualizo tu presencia gigantesca, y recuerdo el roble de porte majestuoso que, al paso del tiempo erguido en su nobleza, cubre esta querencia, esta tierra que te alimentó y que sola e indefensa queda bajo tu sombra, como una tierra agotada pero satisfecha por ti... una tierra solamente... una tierra vieja!

Como legado de tu padre y única herencia:
mi calor, ternura y conocimiento.

Tu padre: Eusebio López M.

Un pedazo de poema

Perla Berenice Mendoza Muñoz

Un pedazo de poema

Perla Berenice Mendoza Muñoz

Desde su refugio, una cafetería acogedora para esos días fríos y sobrios, Sofi observa el vaivén de los árboles a través de una ventana empañada. ¿Es la soledad la raíz de todo cambio? La lluvia cubre las calles, la gente sigue corriendo alrededor del lago, los automóviles pasan sobre los charcos que reflejan el gris del mediodía. Ella, abstraída de las personas que entran y salen del lugar.

Él también se perdió, como todos los que llegamos aquí, nos jodemos al no saber detenernos. De golpe, una ráfaga de aire frío cubrió el rostro de Sofi; la puerta se cerró, los murmullos de las pláticas ajenas aumentaron. La mesera se acerca: ¿Más café? Sin esperar una respuesta, la chica de ojos verdes llena la taza.

Sofi mira el tatuaje del brazo derecho de la mesera: "la libertad está en ti". Levanta su mirada y sonríe irónicamente.

-Interesante lo que dice tu tatuaje– dice Sofi. –

-Al menos tengo la libertad de traerlo.

Con las dos manos sosteniendo la cafetera, la chica le sonríe.

Le dio un trago al café caliente. Amargo y obscuro, pero, en fin, un café libre. Sí, piensa, la firmeza de una palabra puede ser la fuerza que domine toda tempestad.

René se quitó sus lentes, agobiado se reclinó hacia atrás, esta vez no hizo mueca, no había notas que entregar, ni temas que discutir. Mientras miraba a Sofía, sabía muy bien que partir no era difícil, ni siquiera el llegar ahí. Mantenerse firme ante tanta revolución interna, es entender el pedazo de poema que le compartió al salir de su oficina. No hubo un adiós, ni siquiera un hasta luego, sólo se quedó con el eco de sus palabras: "Amiga, a la soledad hay que sentirla para así entenderla".

Jodida la vida, jodido el que cruza, jodida yo que aún sigo aquí, piensa: ¿Es acaso la soledad la raíz de todo cambio? Otra pregunta más para este abril; sin respuesta, sin rayos que rocen el rostro, ni nubes que cubran el alma. Sofi miró hacia su celular, el tiempo no la limitaba, eran sus agobiadas preguntas las que detenían su aliento. Guardó su cartera en su morral de intensos colores, recuerdo de su tierra, cogió su celular y salió del lugar.

Rápidamente cruzó la calle, el suelo seguía húmedo, los rayos del sol iban apareciendo mientras se dirigía hacia el parque.

La gente está contenta, los niños corren hacia los juegos mientras las hojas de los árboles destilan la lluvia de la mañana. Camina hasta acercarse al lago, observa para poder pensar. ¿Eran sus versos la advertencia de los estragos cotidianos? Sí, Sofi recuerda el poema de René, los viajes realizados en el viejo mundo, los desiertos ajenos a tu infancia. Respira humedad y frescura de las plantas. Sofi se sienta sobre un tronco junto a la orilla del lago, las ramas de los árboles distorsionan su reflejo en el agua. Creo que el aire nos susurra el camino, mientras uno sólo respira el ambiente de la ciudad.

Mezclamos los ruidos del presente con nuestros viejos miedos, escuchamos la misma historia, la observamos en rostros ajenos. ¡Vamos Sofía! Eres parte de esa historia que no aceptas ni siquiera terminar.

Cuando vio a René enarcar sus cejas, Sofi adivinó lo que él le iba a decir.

Con sus lentes sobre la mesa, René la observa, sus ojos grandes, saltones y despiertos, la mira de frente ¿Vas preparada? El silencio apagó los pasos de los empleados que pasaban por los pasillos del viejo edificio, Sofi encogió sus hombros, apretó ligeramente sus labios para esconder sus miedos,

-supongo que sí– dice.

-Tengo lo suficiente para llegar, el regreso no lo tengo seguro. Ya sabes, una maleta, el dinero ahorrado, unas cuantas lágrimas y la ilusión de partir-.

Con una sinceridad espontánea, Sofi trata de llenar una pregunta a la que no le encontraba sentido.

-No dejes de asombrarte, no hay peor cosa que la pérdida del asombro- le aconseja su viejo amigo.

-¿Hacia dónde nos llevarán nuestros días René?

Él agarra sus lentes del escritorio, apunta con ellos hacia Sofía, con voz fuerte advierte:

—No pierdas tus días con pereza mental–.

En uno de esos días calientes, cuando el cuerpo llora a través de los poros y la piel arde sin aire que refresque la mente, Sofía se retiró de la oficina, de la ciudad, de todo aquello que nunca le perteneció. Dejó su tierra, cruzó la calle, esa misma vía que la llevaba a terminar los días largos de trabajo. Cruzó su camino y ahí, al cruce de éste, retomó su soledad.

Debajo del puente

Leonardo Alfredo Mérida Mejía

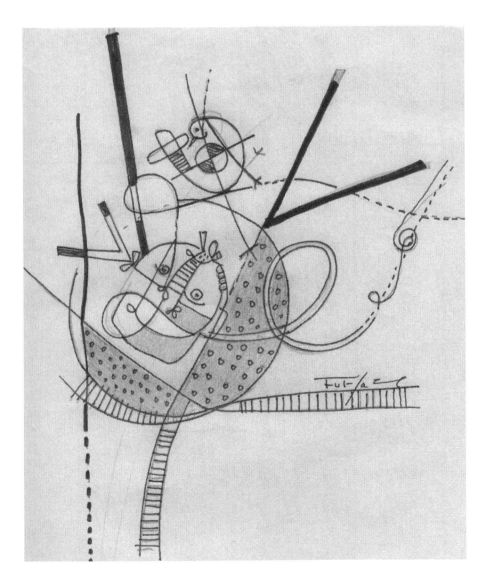

Debajo del puente

Leonardo Alfredo Mérida Mejía

- Te hago una pregunta, ¿Cuándo fue la última vez que no sentiste achaques por la mañana?

- ¡Puta! No me acuerdo.

Me es difícil acordarme de aquellos días. Ahora solo sé que ya no puedo más con el dolor de estos huesos. Cada mañana parece ser lo mismo: abro los ojos, retomo consciencia de mi existencia y pareciese que mi cuerpo se empeña a reclamarme todas y cada una de las que le hice en estos años. Los brazos calan como respuesta al frío de las mañanas, las manos me amanecen cerradas y encogidas por los calambres. No es lo único, la cabeza me retumba sin cesar, como si tuviese allá arriba un ratón desesperado por escapar encerrado en un tambor.

Del resto del cuerpo ya ni hablemos, ya ni sé qué es lo que duele ahí por la panza, nada más siento punzadas por todos lados, ¿Será el hígado?, ¿Los riñones?, ¿El páncreas?, tal vez son todos.

Salgo de la tienda de campaña para poder tomar una buena bocanada de aire, pero ahí es cuando la garganta reclama los cigarros fumados la noche anterior, apenas y puedo respirar. El olor de la pila de basura cercano no me ayuda en mi tarea. Intento dar un par de pasos a donde sea, pateando botellas vacías y agujas usadas por igual, todo me da de vueltas, mi cabeza retumba y da de vueltas. Una vez más el ruido intensificado por el eco de los carros que pasan sin cesar por encima del puente me llega a los oídos. Puedo sentir el ácido que llega del estómago a la garganta. El malestar del cigarro y el ácido quemante se hacen uno. Quiero vomitar. Me recargo en uno de los pilares del puente, como sea intento sacudirme estos achaques.

- Achaques, achaques, achaques... ¡Malditos achaques!, ¡Dime, Bob,

¿Cuándo?!

- ¡Te digo que no me acuerdo!

Es inútil preguntarme siempre lo mismo, pero me desespero de no saber. A veces duermo y sueño con un despertar diferente, todavía no descifro si esos sueños representan mi anhelo por un futuro distinto o si son los remanentes de un pasado que alguna vez existió. Creo que hubo algún momento de mi vida en el que esto no pasaba. Podría jurar que en el algún tiempo tuve un cuerpo saludable, fuerte, joven; un cuerpo que funcionaba sin reproches, con una mente tranquila y apacible que lo acompañaba. La razón me dice que esos tiempos existieron, nadie (o casi nadie) nace completamente jodido. Yo no nací jodido, pero ahora tampoco sé si me jodí o me jodieron. La razón me dice que esos tiempos existieron, pero no la memoria. Lo único qué me dice la memoria cada mañana es que estos mismos dolores los sentí el día anterior, con la misma intensidad. Ahora solo para eso me sirve hoy la memoria.

- Pero bien que bebías anoche. Te empinaste toda la botella con singular alegría. Me impresiona que despertaste.

- ¡Cállate!... ¡Cállate!... ¡Cállate! ¡Si por mi fuese no volvía a despertar!

- ¿Y qué te detiene, mi estimado? Uno menos en La Jungla.

- Ni que sobrara espacio. ¡Ve a tu alrededor, ya muchos se fueron!

- Muchos se van, muchos regresan.

Nos quieren sacar a todos de La Jungla, bueno, siempre nos han querido sacar, pero esta vez se siente diferente. El gobierno tenía de vez en cuando sus programillas de reubicación, venían con los de la UGM a decirnos que nos fuésemos a sus albergues. «Les daremos cama y comida», nos decían. Pero a mí nunca me gustaron esos lugares, esos albergues son lo más cercano a una cárcel. Para ser sinceros yo nunca me sentí que me trataban como a un humano, era solo un reo más, purgando la pena de existir en una ciudad que no me quiere.

- Albergue… Albergue… Albergue… Albergue.

- ¿No me digas que quieres regresar al albergue?, ¿A poco te cayeron tan bien los cristianos?, ¡Tan escondidito que te lo tenías!

- No… No… No… No, a ese lugar no regreso.

Ahora parece que viene en serio, antes el gobierno decía que iba a hacer algo, eran puras palabras para quedar bien, ¿Quién va a aceptar que Seattle, la ciudad modelo de la prosperidad, el progresismo y del desarrollo tecnológico, se vea rodeada de esas tiendas de campaña que manchan sus limpias calles y su hermoso panorama de capitalismo utópico? ¿Cómo nos atrevemos a recordarle a la gente que del otro lado de la barda se respira la precariedad e inequidad social? Somos el residuo del sistema, el tío lejano incómodo al que se le recuerda una vez al año, el lugar de los atrapados en el ciclón de intentos fallidos, el fantasma que vive en el ático, o bien, que vive debajo del puente.

\- ¿A dónde?... ¿A dónde?... ¿A dónde?

\- A dónde no nos vean, allá nos dejarán en paz.

\- ¿A dónde?

\- ¡¿Qué putas me preguntas!? -¡Te hubieras ido con Sarah antes de que se la llevaran! ¡Aparte de borracho, idiota!

Esa pobre niña Sarah, era tan linda y tímida, supongo que tenía como unos veinticinco años, pero yo no sé, la vida ya le había puesto al menos otros diez o quince encima, era difícil de calcular.

A veces me le quedaba viendo fijamente y podría jurar que era la niña pelirroja más hermosa que había visto nunca, si no fuese por todos los estragos que las drogas le habían hecho a su cuerpecito: tenía casi toda su cara con manchas tan rojas como el color de su cabello; sus ojos verdes siempre todos opacos y adormecidos; su cuerpo delgado como un palo con un vientre desproporcionalmente abultado.

La niña era muy inteligente, a pesar de que hablaba como en cámara lenta, arrastrando las palabras. Me hablaba de todo y de nada todos los días, decía que en cualquier momento se iba a salir de ese muladar, que nada más juntaba suficiente dinero para irse a reunir con unos primos en Texas.

Yo creo que me quería porque de todas las personas alrededor, yo era de los pocos que no presentaba un peligro para ella. Cuando la conocí, se me acercó de la nada y me dijo que me hacía todo lo que yo desease por veinte dólares. Me da pena admitirlo, pero yo a estas alturas de viejo ya no tengo esa clase de urgencias, y aunque quisiese, el cuerpo ya no me responde. No tenía ningunos instintos bajos que saciar, pero al mismo tiempo no la quise dejar ir, así que le propuse un trato, le dije que le daba cinco dólares si me regalaba una sonrisa. Ella aceptó con cautela, y hasta me dio un abrazo. Sarah hizo a un viejo feliz ese día, seguro también usó el dinero para comprar heroína.

\- Sarah… Sarah… Sarah.

\- Sí, Sarah. La misma que dejaste que se la llevaran de las greñas mientras tu borracho apenas y te movías. Su novio por fin la encontró.

\- … No me acuerdo.

\- ¿Cómo te vas a acordar? Estabas todo ahogado en alcohol.

\- Ella era una niña buena, igual y regresa.

- Tal vez, pero nosotros ya no estaremos aquí.

Arborada arpillera

Stella Moreno Monroy

Alborada arpillera

Stella Moreno Monroy

—Homenaje a Chile— 11 de septiembre, 1973.

Imperaba el invierno
En el día septembrino.
Y la zozobra penetraba la piel
Y se instalaba en el alma de Chile.
Un viento helado presenciaba
Las maniobras del Día.
Los militares echaban al traste
El orden democrático,
E imponían con sangre,
Su mandato totalitario Irreversible.
El alma chilena se descuajaba
Con la mirada de mármol
Del soldado, tirando puertas
Y desgarrando aullidos.
La luz de un día de septiembre
Huyó de espanto, dejando
Al abandono un espacio
De humo y miedo, donde cientos
De cadáveres poblaban
La muerte, y miles de voces
Acallaban su canto.
Nadie dio nunca cuenta de las fosas comunes
Hechas de carne viva.

Nadie dio nunca cuenta
De los muertos de un solo golpe
De arenas de Atacama
Sepultados.
Las mujeres chilenas,
Empleadas domésticas,
Trabajadoras de fábrica,
Buscaban a sus hijos y a los
Hijos de sus hijos, a los compañeros
De pica y pala y de costal al hombro,
A los Desaparecidos
En la noche oscura
De la tiranía.
Desde la fábrica,
Desde sus casas,
Desde el portal
De la esperanza.
Con Voz inequívoca
Las mujeres chilenas
Se echaron a andar.
Las telas de Yute y Cáñamo
Hechas para duras jornadas
De embalaje, en sus manos
De hábil textura, adquirieron
Soberanía
Arpilleras de Chile.
Algarabía del color.
Reverberantes hilos
Bordando la piel de la Arpillera.
Presencia de los hijos y los hijos
De los hijos, los novios, los maridos
Los padres, los hermanos, los amantes,
Amasando el pan de cada día.
Bajo el sol acampanado de esperanza,
Las mujeres de Chile, sencillas
En la cosmogonía estelar
De sus ancestros,

Desafiaron los ángeles
Negros del poniente
Con puntadas de Amor, libre albedrío.
Oh Chile triunfante y noble.
En tus plazas de sol bruñidas, Arpilleras.
En tus campos de verdes pastos, Arpilleras.
En tu memoria de indelebles
Filamentos,
Arpilleras.

La llegada de Aurora

Carolina Nieto Ruíz

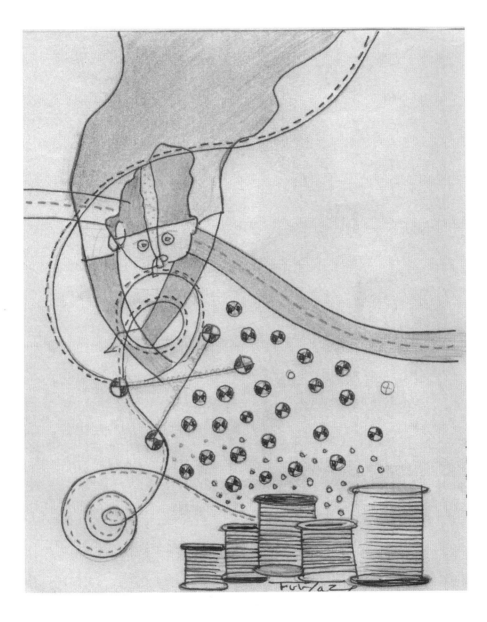

La llegada de Aurora

Carolina Nieto Ruíz

Aurora me dijo una vez que aprendió a tejer puentes por su preocupante ausencia de alas. No podía volar y no le gustaba detener su camino. Los puentes que tejía le permitían continuar andando cuando dejaba de haber suelo firme.

Yo la he visto tejer puentes desde que tengo conciencia. El primer puente que le conocí fue uno de finos hilos de nostalgia, para llegar a sus recuerdos. Era un puente colgante muy angosto y los hilos eran tan delgados como de araña, pero eran capaces de resistir el peso de sus lentas, reflexivas y lagrimosas pisadas.

También la he visto tejer danzando, coloridos puentes de telas etéreas. Sobre ellos frecuentemente encontraba seducidas miradas incautas que osaban subirlos para intentar alcanzarla. Aurora aprendió a tejer puentes de telares con impaciente urdimbre carmín, con ellos podía llegar rauda al corazón de sus amantes y tener siempre una ruta de escape.

Ella ha tejido puentes con serpenteantes anhelos y generosos suspiros, para llegar a sus más apremiantes sueños. También perfeccionó el hilado acústico, para hacer puentes armónicos entre los melancólicos días lluviosos y los jubilosos días soleados.

Varias noches la vi tejer un puente para acercarse a la Luna, lo tejía con los trazos que dejan las luciérnagas, pero nunca logró terminarlo antes de que amaneciera.

Tejió un puente flotante con hojas de desenfado, para no ensuciar su ropa al caminar por el fango de los juicios y tejió un puente levadizo hecho de enredadas condiciones, para que sólo unos cuantos pudieran cruzarlo.

Lo último que Aurora tejió es mi voz. Hilvanó en secuencia un puñado de grafías que, tejidas en una especie de relato, construyeron el puente que la hizo llegar hasta ti el día de hoy.

Destructores de puentes

Ramón Rafael Núñez

Destructores de puentes

Ramón Rafael Núñez

La mejor definición de un puente es aquella que se refiere a una estructura que une dos bordes, bordes que se pueden comunicar gracias a él.

Así como los construye, el humano también los destruye; la mayoría de las veces los puentes son demolidos porque llegaron al final de su vida útil y son reemplazados por otros más nuevos y con mayor capacidad. Otros puentes se vienen abajo debido a catástrofes naturales o por fallas en su construcción o mantenimiento. Por último, están los que son destruidos durante los conflictos armados por parte del bando que retrocede para detener o al menos ralentizar el avance de las tropas enemigas.

Sin embargo, existen los puentes intangibles, aquellos que no son físicos sino culturales, morales y hasta vacacionales. En Venezuela, por ejemplo, cuando un día feriado es jueves, o martes, el común de la gente habla del "puente" correspondiente a ese feriado porque los trabajadores se tomarán libre el festivo, el fin de semana y el día intermedio aun no siendo de asueto. Otro ejemplo de puente intangible, mucho más serio, es el que representa el Papa católico que es conocido bajo el nombre de Sumo Pontífice, es decir, el máximo constructor de puentes, si nos vamos al significado etimológico de la palabra pontífice (pontifex en latín).

Llegados a este punto, existen también los destructores de puentes, y en este caso no hablamos de empresas de ingeniería expertas en demolición de estructuras elevadas, sino de individuos que demuelen los puentes que mantienen unidos a sus credos, países, sociedades y culturas. Hablamos de elementos tóxicos que han existido a lo largo de la historia y que han sido dañinos en mayor o menor grado para la humanidad y el planeta; la lista de estos individuos ha sido demasiado larga como para ponerla aquí, así que me concentraré en dos personajes que son noticia actualmente; el primero por ser la persona que dirige al país más poderoso del mundo, y el segundo, por ser alguien electo democráticamente que ha devenido en odioso tirano.

Llegamos a nuestro primer destructor, un individuo que es el actual presidente de esta nación, el señor Donald J. Trump. Se han escrito ríos de tinta respecto a por qué ganó las elecciones, pero hay que estar claros en algo, la clave de toda su andadura hasta la Oficina Oval se centró en el discurso de lanzamiento de su candidatura el 16 de junio de 2015 y su opinión acerca de los mexicanos (extensivo a todos los gentilicios al sur del río Grande) y los musulmanes. A partir de tal momento se generó su estrategia de destructor de puentes construidos, por construir, y por planificar. Ahora, como presidente, se ve mucho más claro el alcance de tales planes a todo nivel: crímenes de odio en aumento exponencial; ambiente hostil hacia los extranjeros, aun siendo visitantes o turistas; institucionalización del perfil racial por parte de los organismos de seguridad del estado y creciente sentimiento de inseguridad en las personas que no entren en el perfil del ser perfecto, como lo es el hombre heterosexual blanco anglosajón y evangélico.

Algunos puentes, muy endebles, por cierto, que habían sido construidos por su antecesor con la finalidad de exaltar la diversidad del país yacen en ruinas apenas a tres meses de su partida, y otros muchos están a punto de ser demolidos en las próximas semanas o, cuando mucho, meses.

Otros puentes tienen protecciones judiciales temporales, pero no sabemos a este momento si tales protecciones serán ratificadas o no por las cortes superiores o si el Congreso creará leyes que legalicen tales demoliciones. A estos momentos no sabemos si ese pequeño puente conocido como Obamacare será dinamitado por el Senado si éste aprueba la nueva versión de la ley de salud ya aprobada por la Cámara de Representantes.

Quedan muchos puentes por destruir, pero dos de ellos podrían en caso de ser echados abajo, ser los que más se echen en falta por las indeseables consecuencias que traería su desaparición; tales puentes son el diplomático y el comercial. La caída del primero nos haría retroceder por lo menos un siglo en las relaciones internacionales al privar la fuerza por encima de la razón; y la del segundo nos llevaría a guerras comerciales, guerras que traen consigo inflación y escasez.

¿Qué pasará? No se puede saber, Estados Unidos es un país de instituciones fuertes y con tres ramas del poder público bien diferenciadas que son independientes entre sí además de una prensa libre e independiente y un pueblo deseoso de vivir en libertad; sin embargo, con un populista carismático en la presidencia dispuesto a arrasar con todo para su propio beneficio todas estas fortalezas estarán siendo probadas a fondo y el resultado a fin de cuentas no será fácil de predecir,

El segundo destructor es Nicolás Maduro Moros, hecho presidente de Venezuela al ser ungido por Hugo Chávez Frías como su sucesor días antes de su muerte. A veces pienso que este caballero no es exactamente un destructor de puentes si se compara con su antecesor, ya que la casi totalidad de las estructuras comunicantes de la sociedad venezolana ya habían sido demolidas por el señor Chávez y Maduro solo terminó de echar abajo las pocas que quedaban en pie. El problema está en que esas pocas estructuras eran quizá las más importantes de todas, y al demolerlas desmanteló por completo al país que dice gobernar lanzándolo al caos en el que se encuentra actualmente

Fue un largo camino hacia la dictadura total que tardó casi 19 años en llegar a su destino, desde el 6 de diciembre de 1998 cuando su mentor, Hugo Chávez, ganó las elecciones presidenciales, quien como Moisés no alcanzó a ver su Tierra Prometida. Fueron años de avances y retrocesos, de marchas y contramarchas y de una oposición creciente sin una dirección política clara, lo que permitió que el gobierno siempre pudiese seguir su camino hacia el poder total que prácticamente ha conseguido al día de hoy.

Cuando destruyes todos los puentes que unen a un cuerpo social logras aislar a sus diversas partes y estas no pueden unirse para hacer frente a una amenaza común, así que la dominación se hace más fácil al poder atacar a cada una a la vez como ha sucedido en Venezuela

Entonces, ¿cómo se explica la rebelión popular que se ha generado en ese país?

Aunque se destruyan los puentes la gente busca construir otros, ocultos, precarios, hechos con materiales de desecho; si las fuerzas de la dictadura se los tumban en la noche, al amanecer construyen otros y así siguen hasta ganar o ser vencidos, cosa que no parece ser fácil por lo visto hasta ahora. Para quienes hemos visto esta película antes, cuando se llega a los niveles de represión gubernamental vistos en la Venezuela actual, invariablemente la dictadura del destructor de puentes se cae ante la presión popular desbordada en las calles y la pregunta no es si va a caer, sino cuándo.

Para ese momento, tocará a los venezolanos refundar al país y tendrán la oportunidad de construir más, mejores y mucho más hermosos puentes para unir a su sociedad, puentes que espero sean bautizados con los nombres de los jóvenes mártires caídos en la lucha contra el opresor.

La historia nos ha enseñado que, a pesar de estar llena de destructores de puentes, los nombres que prevalecen en ella y que son siempre recordados son los de aquellos que los construyeron y conservaron como símbolos de unión, amor y paz; así recordamos a Gandhi, Mandela, Adenauer y Martin Luther King, entre otros.

Puentes

Linda Roude

Puentes

Linda Roude

Tras haber estado en este mundo medio siglo, he aprendido que siempre hay una mano amiga, un hombro en el que apoyarse y gente que te escucha, un niño jugando, un abrazo, un pajarito silbando, una persona en la calle que sonríe sin razón, una pareja enamorada, un abrazo, una llamada, un aire inesperado o incluso un hecho inexplicable que hace que despiertes.

Al salir de la sombra y andar un poco, me percaté de que hay más que un solo camino, que la luz siempre estuvo ahí para ayudarme a cruzar al otro lado. Años pasaban y no la veía. No me percataba, no lo percibía.

Hoy sé que un hecho y una persona tras otra van tejiendo lo que sigue; ellos van haciendo que el pasar del tiempo se endulce, convirtiendo esa cadena en un interminable y maravillosa estructura que te permite atravesar.

Manos amigas, corazones cercanos, caras extrañas, sonrisa de alguien que jamás volverás a ver. Todos ellos surgen de repente y aportan algo, y de pronto tu vida no, pero tu visión cambia y al mirar atrás, te das cuenta de que estás ya en otro lugar, que lo hiciste de una forma que no esperabas y con medios que no tenías y personas que no estaban y lo hiciste, cruzaste el terreno difícil, caminaste el Puente por donde tanto miedo te daba cruzar.

Lo que antes llamabas éxito ya no tiene el mismo valor, las personas que creías que te apoyaban y no, las formas de ayer no son los que te impulsan a tomar el paso siguiente sino tu cambio interno, tu decisión o nueva idea, tu luz y tu andar.

Que buena travesía. Que bien que no me quede adentro. Me permití asomar y disfrutar y ver otros guías y otras formas y permitirme intentar una y otra vez hasta querer tener el sí. Y no, no todo es como antes, ahora sé que hay más, aprendí que hay más de lo que uno puede ver cuando uno mismo no está listo.

Ahora después de tanto, estoy del otro lado del puente. Veo lo que pasó y es como la historia de alguien más, como la experiencia que ya pasó y no, no quiero que se rompa el vínculo, no al olvido de las enseñanzas, de la experiencia, y de la lección que deja en mi propio ser. Al ver lo que sigue, se me dibuja una sonrisa, quizás con dudas, pero con ilusión. No olvidaré que mientras cruzaba, siempre hubo quien me devolviera la sonrisa, me tendiera la mano y me endulzara con un detalle el corazón.

Puentes diferentes

Marta Rubio Former

Puentes diferentes

Marta Rubio Fomer

Como cada 23 de abril, se celebraba el día del libro. Es uno de mis días preferidos del año, porque nada me hace más feliz que llevarme un libro nuevo a casa y siempre ando buscando excusas para hacerlo. Cuando se acerca la fecha, mucha gente se pone de acuerdo para dar una nueva oportunidad a los libros que tiene en casa. Los deja en lugares aleatorios para que nuevos lectores puedan encontrarlos y disfrutarlos, esperando a su vez encontrar con algo de suerte algún otro libro que un cómplice lector haya dejado en el camino.

Así fue como encontré el libro que hablaba de puentes. Lo coherente habría sido encontrarlo bajo un puente, claro. O eso pensaba yo. Pero lo encontré sin embargo en un parque de Seattle, esperándome impaciente apoyado sobre las raíces de un cerezo:

"No existen en el mundo dos puentes iguales.

En Turquía, por ejemplo, hay puentes de piedra tan antiguos que han visto a la raza humana caer y levantarse muchas más veces de las necesarias. Nos han visto aprender de los errores. Y volver a errar de nuevo."

Extraño. Nunca me había imaginado a los puentes como testigos. Me planteé por un momento si nos juzgan o si les somos totalmente indiferentes. Invadida por la curiosidad, pasé la página y seguí leyendo:

"Cuando llueve hay puentes en forma de arcoíris, y se dice que al otro lado siempre espera una olla llena de monedas de oro.

Hay miles de puentes con daños que necesitan reparación. Puentes rotos, puentes viejos. Puentes que en el pasado fueron camino y ahora están hechos añicos. Sólo queda de ellos el recuerdo de lo que fueron.

También hay puentes que son muy bonitos por fuera, pero no es recomendable cruzarlos, porque sólo son de adorno. Son perfectos para las postales, pero son aburridos. Uno encuentra exactamente lo mismo en un lado que en el otro. Son una trampa que únicamente pretende robarnos tiempo."

No pude evitar pensar en los atascos que sufro a diario para llegar o salir del trabajo cruzando Lake Washington. La 520 debe ser exactamente en lo que estaba pensando la autora cuando hablaba de los puentes que nos roban el tiempo...

"Hay muchos puentes con voluntad propia. Se ha documentado un caso en India de un puente que nació árbol. Imaginen qué confuso cuando el bosque le obligaba a crecer siempre hacia arriba. Lo asombroso es que al final sus raíces no aguantaron más, salieron a la superficie y cubrieron el río. El bosque debió darle la razón, había nacido para ser puente. No puede uno ser quien no es, eso no estaría bien. Creo que le siguieron muchos otros."

¿Será verdad? No debe haber sido fácil en su caso adaptar sus raíces mientras el resto de árboles del bosque sacudían sus ramas desconcertados...

"La mayoría de puentes, nos los han prestado completos desconocidos. Habría que parase a veces a dar las gracias en silencio a esos desinteresados arquitectos.

Pero también hay puentes personales que hemos ido construyendo poco a poco, y llevan nuestra marca, son nuestros. Algunos nos ayudan convenientemente a llegar a otro lugar y algunos nos permiten pasar por encima de algún incómodo problema.

Y sobre todo hay puentes nuevos. Siempre hay puentes nuevos. Puentes que hacen que merezca la pena la incertidumbre, el miedo, la tensión, el cansancio, el sobreesfuerzo del camino. Puentes que nos recompensan al cruzarlos. Son lo opuesto a los puentes que nos roban el tiempo. Traen ideas nuevas, lugares nuevos...aventuras. Puentes que nos hacen grandes, mayores, mejores. No siempre están visibles, se esconden en personas cuando menos lo espera uno.

Cuando encuentren uno de ésos, tómense su tiempo si lo necesitan, pero no lo duden: crucen. Y del mismo modo, cuando puedan, hagan de puente. Tiendan la mano, abran un camino, ayuden a un caminante a cruzar a otro lado. Es una experiencia adictiva de la que rara vez alguien se ha arrepentido..."

Ya era suficiente. No entendía ni una palabra, y se estaba haciendo tarde, así que desistí, cerré el libro y asumí que no era el que yo había estado buscando. No todos los libros son para todo el mundo y este no me estaba esperando a mí. Volví a dejar el libro apoyado como estaba sobre las raíces del cerezo y me sorprendí acordándome de mi puente favorito, que es uno de los que une Buda y

Pest. Cuando cierro los ojos todavía puedo verme allí riendo a carcajadas con mi hermano. A miles de kilómetros de casa, maravillados ante la belleza del Danubio.

Mi puente

Angélica Salgado Córdoba

Mi puente

Angélica Salgado Córdoba

Tan lejos de ti y a la vez tan cerca,
Permeas todo mi ser con la fragancia de tu recuerdo.
Estábamos separados, yo en la obscuridad y tú la luz,
Realmente, aunque sé que alguna vez estuvimos juntos
Yo… no lo recuerdo, solo lo siento.

Seguramente sabes que divisaba tu figura a lo lejos, como a la otra orilla;
Había días que, aunque no te veía por la bruma o la neblina
Siempre supe que   estabas ahí.

A pesar de mis murallas, mis miedos, mis inseguridades,
Mis faltas, mi indiferencia y mi egoísmo de creerme mía y solo mía.
Tú siendo quien eres te hiciste un puente invitándome a pasar
Por el único camino que nos uniría por siempre:
Donde se vive eternamente en una paz
Que sobrepasa mi entendimiento.

Un puente con grandes cimientos
Construido con sangre y erigido en el mas grande amor
Para salvar almas perdidas como la mía,
Tan perdida y vacía, pero tan llena de mí ser,
Que no me permito ver que no requiero más muros.

Yo necesito un puente: con una torre fuerte

Y en el lugar más alto, donde pueda vivir sobre las circunstancias,
Unida a ti, pegada a tu regazo.
Si tan sólo tomara la fuerza de cruzarte
¡Oh! Puente, y derribar mis murallas
Que yo sola construí en esta fortaleza, de este reino de nada.
Donde sin ti, no tienen sentido estas estructuras que creo mías
Y que realmente me fueron implantadas para alejarte.

Porque creo que te conozco, y de oídas te había oído
Aunque mi corazón estaba lejos de ti.
¡Hoy te he de cruzar, mi amado puente!
Mi libertador quien venció a la muerte.

Hoy decido no asumirte, sino vivirte,
Para no morir, sino que al vivir eternamente,
Pueda andar por donde caminan todos los que quieren pasar.
Donde no existen los colores ni las razas.
Donde no hay bordes ni fronteras.
Un puente al infinito donde el perfecto amor
Echa fuera el temor, el odio y la venganza.
Donde se puede existir permeada de ti, de tu gracia,
Caminando a tu lado y de tu brazo,
Pues eres el camino, la verdad, la vida misma y mi PUENTE.

Ana

Karina San Juan Guyton

Ana

Karina San Juan-Guyton

Para Tito, por animarme siempre a cruzar puentes nuevos

-No sé m'ija, sepa la bola cuántos. -Ni que fuera yo arquitecto- pero sí sé que hay muchos tipos de puentes. -Responde Octavio ante la curiosidad de su hija.

-Yo al menos conozco cinco: los colgantes; los de viga -como el Aurora Bridge-, los de cable, los levadizos y…. los de arcos, como el Acueducto de Querétaro.

-¿Si te acuerdas de Querétaro Ana? -Le pregunta. -Hace tantos años, y estabas tan chiquita cuando pasamos por ahí de camino a Yakima. -Ya no te acuerdas, ¿verdad hijita?

Ana sonríe y asiente con la cabeza.

-Medio que me acuerdo del acueducto de Querétaro, papá, así con sus arcos bien bonitos. -Miente. -Cómo se me va a olvidar si antes de que pasáramos por ahí usted no hacía más que hablar de ese bendito puente. -Vuelve a mentir, fingiendo recordar conversaciones que ocurrieron hace más de diecisiete años, cuando, guiados por polleros, cruzaron la frontera hacia Estados Unidos. Ana tenía apenas cuatro años.

De vez en cuando, Octavio lleva a Ana a ver los puentes levadizos de Freemont o el de Ballard. Es un viaje largo, pero Ana no se queja porque eso significa un paseo por la ciudad que termina en la dulcería MacFarlane.

Mientras Ana devora un helado doble, Octavio observa los puentes, analizando cada detalle de cómo operan. Esperan minutos, a veces casi una hora para verlos en acción. - ¿Ves? -Dice Octavio, mientras las poleas concluyen su labor y los puentes se reencuentran sobre el canal. -Es increíble cómo solito todo se acomoda.

Octavio trabaja de albañil mientras Ana navega una infancia tranquila; sus mayores preocupaciones son la escuela y sus amigas. Vuelan los años y ellos siguen en Yakima, keeping a low profile, como dirían los gringos, para no llamar la atención de la migra. "Usted a estudiar, que es su único trabajo y la razón por la que me rompo el lomo" le decía siempre Octavio a su hija. Hasta que un día, literalmente, Octavio se rompió el lomo. Y las costillas. Y la vida. "Se cayó de un quinto piso", le explicaron a Ana.

A Ana se le rompió el corazón.

De vez en cuando, Ana se pregunta si don Octavio estaría orgulloso de ella. Beneficiada por el DACA -el programa del gobierno de Obama que ofreció un respiro temporal a jóvenes inmigrantes indocumentados- Ana logró completar, con mucho esfuerzo y una deuda considerable, sus estudios de contabilidad en el CommunityCollege de Tacoma. Ahí conoció a Miguel, quien lleva más de un año pidiéndole matrimonio. Miguel es ciudadano estadounidense y, si se casara con él, Ana podría eventualmente obtener la tan ansiada ciudadanía estadounidense. "¿Será que, como los puentes, también la vida se acomoda solita?" pensaba Ana.

En noviembre de 2016, las esperanzas de Ana de tener una vida normal se esfumaron en unas cuantas semanas. Las elecciones presidenciales la mantuvieron en vilo. Pero fue todavía mayor el desvelo que le causó dormir al lado de Miguel, quien se había convertido en un hombre diferente a aquél del que ella se había enamorado.

-Yo voté por Trump, ¿y qué? -Reconocía Miguel. -Somos ya tantos pinches latinos en este país, que lo vamos a desgraciar. -Aseguraba enojado. -Mis abuelos hicieron muchos sacrificios para ganarse la ciudadanía, y ahora todo mundo la quiere regalada. Además, Trump no va a hacer ni la mitad de las cosas que prometió. Qué muro ni qué la fregada, Ana. Entiende que todo eso lo dijo sólo para ganar. Además, tú estás a salvo conmigo. Estoy seguro de que tu papá estaría de acuerdo. -Así concluye Miguel sus rabiosos discursos, siempre sin derecho a réplica.

Miguel le confía a Ana sus sentimientos antiinmigrantes, pero sabe muy bien lo que pasaría si sus opiniones llegaran a otros oídos. Sus negocios dependen de la comunidad hispana: en su tienda de abarrotes vende productos de toda América Latina. "Don Miguel" le llama la gente, con un dejo de admiración y respeto.

La misma noche que tomó posesión el nuevo presidente de Estados

Unidos, Miguel regresó a su casa para encontrar, en vez de a su novia y la cena lista, una nota corta de despedida: "Para seguir siendo tu compañera tendría que renunciar a mí misma y mi gente. Que Dios te bendiga, Miguel, y a mí que me ayude".

Las primeras semanas son las más difíciles. Ana encuentra con quién quedarse por un tiempo y tiene el apoyo de sus amigos; pero nada le quita la angustia sobre su futuro, una ansiedad que nunca había sido tan intensa, ni siquiera cuando se murió su papá y se quedó sola. Regresar a México no es opción. Su mamá falleció en un ajuste de cuentas mortal poco antes de migrar a Estados Unidos, y don Octavio siempre insistió en que Ana no tuviera el menor contacto con el resto de la familia. "Están todos metidos hasta el cuello en negocios con el narco, hijita" le respondía Octavio cuando ella le rogaba que les hablaran a sus tíos en Tapachula. "Gente buena, metida en muy malos pasos", pensaba con tristeza.

Una tarde, poco después del último anuncio en torno a las nuevas leyes migratorias, Ana recibió un volante invitándola a asistir a una clínica para conocer sus derechos y ayudarle a estar lista en caso de ser deportada. "¿Qué carajo me va a decir esta gente que no sepa ya, después de tantos años de vivir en las sombras?" Desde hace meses, Ana tiene sus papeles al día y sus cosas bien organizadas, por si llegara el momento de verse obligada a dejar este país. Aun así, decidió asistir. "A lo mejor sirve de algo" se dijo a sí misma, resignada.

La reunión es muy diferente de lo que Ana había imaginado. El lugar está tan lleno que no hay dónde sentarse y la gente ha empezado a hacer fila en los pasillos. Caras llenas de preocupación y ansiedad contrastan con las risas de algunos niños pequeños que corren entre las sillas del salón. Todos esperan alcanzar a ser recibidos por los abogados que esa tarde se han ofrecido a dar asesoría legal gratuita. "Aquí estamos los criminales, bad hombres y mujeres que no merecemos permanecer en este país", piensa Ana con sarcasmo, mientras la cara se le pone roja de coraje.

Desbordada por el número de asistentes, una mujer con un gafete que la identifica como voluntaria intenta dar instrucciones en un español muy limitado: "Registras pour favour aquí" intenta explicar, señalando una hoja. La gente le sonríe, pero se niega a acercarse a la mesa para no perder su lugar en la fila.

-"Let me help you".

Ana se acerca a la mujer, tomando una pluma y la hoja de registro.

-Gracias. -Sonríe la mujer -All the volunteer Spanish interpreters are inside, helping the immigration attorneys.

Para cuando finaliza la sesión, Ana ha registrado a más de cuarenta familias. En ese instante, por primera vez, se da cuenta del valor que tiene para su comunidad como inmigrante bilingüe. A partir de esa noche, Ana se dedica a investigar, asistir, participar, traducir, protestar. Ayudar a la comunidad es agotador para algunos voluntarios, pero a Ana le da fuerzas. Como si se le hubieran abierto los ojos. Ha dejado de centrarse en su propio dolor y se ha vuelto un punto de encuentro entre las familias que necesitan ayuda y las organizaciones dispuestas a ayudar. Ana sabe que, si Don Octavio la viera, estaría orgulloso de ella.

"Cuánta razón tenía, papito lindo". Le dice en su mente, llena de nostalgia: "Existen muchos tipos de puentes, pero entre todos los que usted me decía, le faltó uno muy importante: el puente en el que, sin darme cuenta, me he convertido yo".

Agua y arena

Raúl Sánchez

Agua y arena

Raúl Sánchez

Al borde de mi mente tengo pensamientos casi olvidados,
Preguntas que no puedo hacer a aquellos desvanecidos,
Borrados del paisaje, de nuestra presencia.
Por eso me dirijo a ustedes, mis amigos,
Donde quiera que estén ya sea felices o tristes.
Los saludo desde el paisaje verde, florido, y lluvioso,
Donde las vías del tren torcido se cruzan
En la maleza crecida y la niebla matutina.
Me les acerco para preguntarles;
Díganme ya sea verdad, o mentira, o murmuren,
Como si fuera medianoche al escuchar
El tictac del reloj o el silbato distante del tren,
Si ustedes piensan que este es su mundo, su país

Su planeta…
Que da vuelta con la propulsión de su sangre.
¿Será armonía lo que los rodea?
Quizá ustedes sepan de las protestas brutales
De aquellos que como prisioneros indeseables
Gritaban en los valles, sembradíos, y bosques,
Donde solo las aves son los únicos testigos
Que vieron a aquellos cruzar el río, sin ahogarse.
Corriendo hacia el vasto terreno guiado por espinas
Y huesos blanqueados, donde el asta de bandera
Es solo un palo astillado.

Guiados por el vuelo de las aves y botellas vacías,
Siguiendo huellas de ganado y caballos,
Llegaron a una región desconocida de donde nunca
Regresaron, donde encontraron el puente de la libertad.
Paso a paso sobre el puente encontraron puertas nuevas,
otro lenguaje, otra voz, la luz del progreso, y la unión.

Delia y yo

Gloria Storani

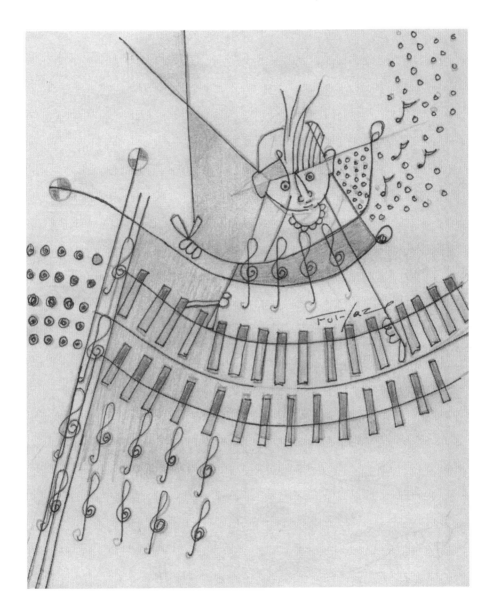

Delia y yo

Gloria Storani

Antes de entrar a la sala de clase, formábamos fila por orden de estatura. Apenas un tantico más baja que yo, el lugar de Delia era frente al mío. Día tras día yo le pellizcaba el cuello, y ella callaba. Mi madre era la maestra de música del pueblo. Por eso, ya a los seis años, yo tenía mis prerrogativas. Delia era huérfana de madre y solo tenía humildad.

El recuerdo culposo estuvo hibernando en la zona velada de mi interior por cinco décadas, hasta que un día emergió a la luz de la conciencia, cuando recibí un correo de Delia. Me había encontrado en esa virtual casa de inquilinato a la que llamamos Facebook que, como un inmenso conventillo de tangos y sainetes, nos sirve para pavonearnos y alimentar el narcisismo, o para alabarnos y agredirnos, a nivel global; pero, ocasionalmente, también para reatar relaciones perdidas en el tiempo. En su correo, Delia rememoraba nuestra infancia y afirmaba su injustificado amor por mí, su victimaria.

Debería comenzar diciendo que el pueblo era en realidad dos pueblos. Lo dividían las vías del ferrocarril. De aquí, los gringos, los así llamados colonos italianos que se instalaron en la Argentina a comienzos del siglo veinte; de allá, los criollos, esa raza sufrida de los gauchos y mestizos que ya habitaban estas tierras, desde el tiempo de la colonia. Y que se hicieron estoicos y ladinos a fuerza de atropellos.

Porque esto no hay que olvidar: cuando las Américas era terra incógnita, en este confín del continente rondaban los tehuelches, los ranqueles y otros aborígenes de la pampa. Luego después de la Conquista arribaron aquellos españoles moriscos, de rostros oliváceos y quijotescos, que ya de antaño habían perdido el lenguaje aljamiado y la religión islámica, pero no su amor por la guitarra y la poesía, por los caballos y los cuchillos. De la unión de la india y del moro andaluz nació el gaucho, entre luchas a facones, entre amores y payadas. Nómades, sin ley y sin tierra, el progreso y la inmigración europea en masa los fue degradando. Pasaron a ser peones pobres, sin memoria y sin futuro en una pampa brutal que ya no les pertenecía.

Cuando llegaron mis abuelos junto a otros colonos, les llamaron "los negros", y los toleraron, siempre y cuando se quedaran del otro lado de las vías del tren, del lado que se anegaba con las lluvias. Sólo el día de San Pedro, para la fiesta del patrón del pueblo, los criollos se cruzaban. Se subían al palco de la pista de baile para berrear alguna poesía épico-gauchesca de versos octosilábicos, llenos de coraje y de nostalgia. Pero el resto del año seguían del Otro Lado, en un tácito ostracismo. Nosotros apenas escuchábamos, por las noches, los cantos de los sapos de sus extensas lagunas, cuando el barrio se les inundaba.

De aquel lado vivía Delia, con su papá, sus hermanos, sus sapos cantores y su pobreza. Eran tan poca cosa esas vías, apenas diez centímetros de acero elevándose en una tierra chata y amplia bajo un cielo inconmensurable.

¡Tal poca cosa…! Y, sin embargo, de aquí, nosotros; de allá, los criollos, los otros.

Se decía que era peligroso cruzar de un lado al otro. De día, porque el tren se venía ciego e implacable y no respetaba raza o alcurnia. Y de noche, porque por ahí andaba La Llorona, llorando el doloroso canto de Medea y dispuesta a lavar su culpa con la sangre humana. Especialmente la sangre de los niños.

El padre de Delia tocaba la guitarra, como buen criollo. Era un gaucho de ley: vestían botas con espuelas, pantalones abullonados y cinto tachonado de monedas, poncho y pañuelo al cuello. Se llamaba Páez, apellido de moro converso. Sería peón de alguna hacienda, no lo sé. Mi padre, en cambio, era comerciante y descendiente por ambos lados de aquellos pueblos del norte de Italia por cuyas venas corre una buena porción de sangre germánica. Mi madre era romana pura.

Por alguna razón —tal vez por las clases de música— el padre de Delia había querido que su niña asistiera a nuestra escuela, no a la escuelita del Otro Lado. Por eso, Delia se cruzaba a diario. Cruzaba sin miedo, con sol o con lluvia, para asistir a la escuela de los privilegiados. Y yo, una niña decente y de buena familia, le pellizcaba el cuello en la fila, mientras sonaban los acordes del Himno Nacional.

Pienso en el cerebro humano, dividido en sus dos hemisferios: uno, dominante, con la arrogancia de su lógica ruidosa; el otro, callado, con la leve sutileza del pensamiento intuitivo. ¿Pero qué es lo que divide un corazón de niña del lado dulce y del perverso?

Crecimos.

El año de los pellizcos pasó, y Delia y yo nos hicimos amigas. Yo nunca me había aventurado al Otro Lado. Pero un día de verano, ella me invitó.

Fui con otras niñas de mi vecindario. Y vimos su casa, apenas por fuera. Era un ranchito de adobe, con un aljibe y un horno de ladrillos para el pan en el patio de tierra apisonada. Nos mostró el Barrio. Algunas viviendas, de ladrillos pelados, parecían superiores al resto; no mucho. Otras eran como la de ella: una casita de hornero, ese pájaro de la pampa que construye, con barro y paja, sus nidos marrones y redondos y los posa sobre los postes de los alambrados.

Con zapatos de charol y medias blancas, hundimos los pies en el barrial, y llegamos a la laguna. Allí les arrojamos cascotes a los sapos, con preferencia a los que estaban copulando.

Delia fue quien tendió el puente que unió para mí esos dos lados de mi pueblo escindido, y me condujo a aquel otro mundo ignorado, un mundo donde la merienda de los niños no está garantizada. Lo que para mí había sido, hasta aquel día, una mera abstracción mental—el Otro Lado—se hizo materia concreta de repente, en una fulgurosa tarde de verano.

— ¿Cómo pudiste perdonarme? — le pregunté, en un momento de coraje cuando, a partir de aquel correo, nos volvimos a ver en el pueblo.

—Tenías solo seis años ¡Cómo no te iba a perdonar! Eran celos.

Por cierto, al llegar a su clase de música, mi madre traía a diario una merienda para mí y otra para la niña Páez, la sin madre. Y todos los días Delia volvía a su casa, del otro lado de las vías, con la barriga llena y la nuca amoratada.

Quiero pensar que eran celos. Me estremece imaginar que yo la castigaba por huérfana, por diferente, por ser sapo de otro pozo. O, simplemente, por dócil. El relativo microcosmos del cerebro no es más que un fractal de la sociedad humana, donde la otredad es detestable, y hay que aplastarla. Y mi yo infantil habría respondido con fuerza arcaica a esas reglas no escritas del racismo clasista y el tribalismo. Barrámoslos de la tierra, porque no son de los nuestros. Volquemos en ellos nuestra insidia, porque son diferentes. Pellizquémosles el cuello a sus niños, por pobres, por alienados. ¡Que no traspasen, que no se crucen a este lado de las vías! ¡Fuera!

El yo de hoy mira con asombro al yo de ayer, congelado en la memoria, y lo quiere estrangular. Sin embargo, cada etapa de la vida se la vive con un alma diferente. Mi yo maduro lo comprende, y me perdona. Delia también me ha perdonado.

Me siento ante el teclado. Como toda confesión que se arranca a fuerza de esculcar el alma, la vista se tuerce y los ojos se me hacen agua. La mente se alborota con las emociones enterradas que pugnan por salir, como un surtidor, desde aquel pliegue de la mente donde habita el Ser Contrito. Bato algunas teclas y enseguida mi mano se aparta, temblorosa, para buscar la copa de vino blanco que hoy tengo a mi lado. Podrán decir mis lectores: ¡Tan nimio el delito, y tan grande y largo el reproche! Pero nimiedad y grandeza no son metales del mismo quilate para todas las balanzas. Me seco las mejillas con vergüenza. Me consuelo diciéndome que esta vergüenza trae de la mano un paliativo y una gracia salvadora. Pienso en el puente que Delia extendió entre mi mundo y el suyo y que, desde entonces, yo he transitado por el resto de mi vida: ese puente que me lleva al Otro. Lo busco. Le tiendo una mano cuando puedo, y me detengo a escuchar el canto de los sapos de la Otra Laguna, del otro lado de mi propio pueblo.

Fuentes diversas de puentes

Julio César Torres Hernández

Fuentes diversas de puentes

Julio César Torres Hernández

Es grandiosa la variedad de puentes:
Los hay de madera, hierro y concreto;
Y en cada uno de ellos hay un secreto.
Hay otros puentes que son invisibles,
Ante la débil vista del ser humano;
Son ambiguos, son ignotos, abstractos;
Tal vez ficticios, para algunos humanos.

Las virtudes han sido fieles conexiones
Que siguen uniendo nuestras sociedades….

Cuando dos miradas se juntan al instante
Y el pensamiento llega a sus propias mentes;
Ambos corazones vibran apasionadamente.

Los lenguajes, que en ocasiones son barreras;
Cuando se aprenden, unen todas las culturas
Y hay más entendimiento entre los pueblos.
Hoy el acercamiento entre las diversas razas,
Se ha hecho realidad, ya no es tan lejano;
Y esto se ha debido al Internet maravilloso.

¡La música, la poesía y toda variedad de arte,
Nos hacen vibrar, amar y vivir otra vez más;

Sus ritmos nos regresan a través del tiempo,
Su armonía nos contagia y no tiene lenguaje,
Las rimas, los versos energizan a las musas;
Las bellas pinturas que acarician nuestros ojos,
Van produciendo en nosotros deleite exquisito.
Y el vasto recinto de la literatura universal;
¡Impregna de sabiduría a toda la humanidad!
Las aguas inquietas de mares profundos,
Y los ríos viajeros que ciudades visitan,
Y los lagos inmensos reflejando paisajes;
Todos sirven, como puentes para navegar.

El aire del viento calmado que lento se mueve,
Que en otros momentos produce feroz huracán;
Les sirve a las aves, para alzar el vuelo y el cielo cruzar.
Y lo usa el humano, cuando asciende en su avión;
Del espacio se adueña, en busca del hermano lejano.

Tanto el agua como el viento que son esenciales;
Y ellos en comunión, con el útil e infinito espacio;
Nos prodigan la satisfacción y un magno bienestar,
De poder llegar a otros países, a otros continentes,
De lograr volar y veloz viajar por el amplio universo.

Y al final no podemos olvidar algo más grandioso:
El cordón umbilical que une al feto y a la madre,
Las venas y arterias por donde circula nuestra sangre,
El hilo misterioso que une a Dios con el ser humano;
Todo esto es parte crucial de la gran creación divina,
Y son piezas únicas y eternas de la naturaleza humana.
Por todas estas cosas y otras que aún desconocemos;
Debemos ser conscientes, tener responsabilidad vital:
De hacer más visibles y tocables los puentes invisibles,
Y hacer buen uso de la sabiduría y de todas las virtudes.

Cuidemos todos los puentes universales ya existentes,
Diseñemos y construyamos puentes humanitarios,

Dejemos que toda la hermandad fluya en la humanidad,
Y que dichas conexiones formen puentes inmensos.
¡Edifiquemos puentes y evitemos las murallas;
¡Y así forjaremos un mundo lleno de armonía!
¡Donde la justicia elimine a la injusticia!
¡Donde la paz se anteponga ante la guerra!
¡Donde la riqueza destruya la total pobreza!

¡Prevalezcan y sean eternos los puentes del mundo!
¡Y que ellos nos unan, en un abrazo de amor y amistad!

Los usos de un puente

Anna Witte

Los usos de un puente

Anna Witte

Un puente es para escupir al agua desde lo alto,
Para contar los barcos de vela que pasan
Por debajo.
Y también las nubes
Que pasan por arriba.
Un puente está, para comprobar la resistencia
Del paraguas
A la fuerza del viento,
Y para seguirle el vuelo
Al avión de papel.

Un puente está para
Sentarse a su sombra en días de calor,
Y charlar con los viejos
Vagabundos de risa bronca
Que tiran cantos al agua.
Y observar a los murciélagos
Que sueñan con la noche,
Cabecita abajo, en la penumbra,
Para respirar el olor verde
Del agua.
Un puente está para soltar las amarras
De la tristeza,
Y dejar que se la lleve la corriente.
Y recibir

Lo que nos traiga el caudal.
O para espiar con ojos de águila
El aleteo plateado de un pez.

Un puente está para cruzarlo
Con maleta y fardo.
O sin bulto,
Pero siempre con ánimo
De reunirnos con el que viene del otro lado,
Y de hacer morada justo en medio.
Y juntar
Lo que separa
El río.
Pero nunca, nunca,
Para saltar al vacío.

El puente que imaginé

Ma. Guadalupe Zamora

El puente que imaginé

Ma. Guadalupe Zamora

Los puentes, si, los puentes siempre me han gustado, no solo porque puedo lograr cruzarlos y estar del otro lado, sino que ahora queriendo imaginar para lo que sirven los puentes. ¿Qué hay del otro lado? ¿Podría alguien preguntarse, qué gano con cruzarlo? Después de tanto andar por la vida, de cruzar puentes, ríos, mares, continentes, ahora me siento en mi espacio, en un parque en donde disfruto la naturaleza en Seattle.

¿Qué pienso de ese puente? ¿Qué me encantaría que tuviera ese puente? Pues, me gustaría que sea multicultural, con material de compasión y consideración, con material impregnado de ternura, alegría y canto, sin etiquetas, sin tontos obstáculos, con fierro reforzado de igualdad, de respeto al libre pensamiento.

Sólido como el color de nuestra piel,
Fuerte como la madre tierra,
Grande como nuestra cultura,
Alegre como nuestros colores,
Que tenga sueños y poder ver en ellos los que son cumplidos,
Que todos lo podamos transitar,
Ir y venir sin miedo,
Caminando firme y al cruzarlo.
Volver a mirarlo al final del día con alegría.
Con una sonrisa de saber que yo soy parte del mismo.
Sí. El Puente que imaginé para todos.

Las distintas caras de los puentes

Estefanía Zapata González

Las distintas caras de los puentes

Estefanía Zapata González

¿Qué son los puentes? Generalmente, cuando se menciona la palabra puentes, se suele pensar en las construcciones que comunican dos lados de un lugar que se encuentran separados por alguna depresión de terreno. Sin embargo, los puentes pueden representar lo mismo – o no - en otros sentidos, de los cuales en el presente ensayo hablaré de ello basado en experiencias humanas.

La esencia del concepto de puentes es conectar, pero al mismo tiempo marcan una división. Pueden ser el principio de algo, y a la vez el fin del mismo.

¿Pero cómo? ¿Qué no son los puentes la cara de la positividad en su máximo esplendor en cualquier escenario? Si, los puentes pueden liberar a un sujeto –literalmente- de cualquier peligro que se queda atrás.

Los puentes pueden regalar nuevas oportunidades en la historia de alguien y ser el comienzo de un nuevo capítulo en este libro llamado vida. Los puentes llegan a ser incluso el albergue o vivienda de mucha gente que no tienen un techo donde dormir. Los puentes, entonces, tienen distintos usos, aspectos, y sentidos, según la experiencia única por la que atraviesa un sujeto.

Esta idea maravillosa de que los puentes traen consigo puras cosas buenas es una ilusión, puesto que también los puentes son bien conocidos por ser esa útil y sencilla vía para que alguien pueda exitosamente quitarse la vida, y convertirse en un sitio donde se expone lo más vulnerable que un sujeto puede tener: su vida.

Al mencionar que los puentes pueden ser el medio para que la muerte suceda, no hablo solamente de la muerte real, sino también de la muerte como representante del fin de algo en la experiencia de un sujeto.

Es verdad que un puente puede ser el inicio de algo mejor, no obstante, al acceder a algo nuevo, se renuncia a la condición anterior. Es aquí donde se muestra que los puentes son parteaguas que marcan un antes y un después. Los puentes no son solo físicos, sino momentos, en los cuales cambios suceden, y también determinan etapas y condiciones de existencia de cualquier sujeto.

Los puentes son ese trance de duelo, pues al atravesar un puente, hay una lenta ruptura en la que uno se despide de un lado, para que posteriormente se llegue al otro extremo en donde un sujeto pueda sanarse para alcanzar algo más… o quizás no.

La esencia de los puentes es tan ambivalente como las relaciones humanas. Los puentes son testigos y medios de cambios en la vida de las personas, y un puente puede transmitir y permitir logros, como a la vez puede condenar y acabar con ellos.

No se pueden definir los puentes como ese medio que siempre conllevará al éxito de alguna circunstancia. La connotación que tienen los puentes puede ser definida única y exclusivamente por cada sujeto, según por lo que esté atravesando, atravesando un puente.

Para concluir, los puentes, desde mi postura, no son más que la imagen gráfica que representa el transcurso de la vida misma para posteriormente culminarse, porque no existe una sola cosa que inicie sin que llegue a su fin. Los puentes son momentáneos para algunos, mientras que para otros los puentes pueden ser el único medio que les permite seguir deseando, y es deseando como un sujeto, continua con vida.

Los puentes son creados por cada sujeto según su propia necesidad de desistir de algo y adherirse a otra cosa. Son los puentes el motivo de que cosas sucedan, o precedan.

El primer certamen literario en español y la antología Puentes fueron posibles gracias al esfuerzo y trabajo de los miembros de la Mesa Directiva Seattle Escribe 2016-2017.

Adriana Estrada-Bataille

Nora Girón-Dolce

Yunuen Castorena

Elena Camarillo

Fernando González

José Luis Buen Abad

Agradecemos la valiosa colaboración de las siguientes instituciones con sede en Seattle:

Consulado de México en Seattle

King County Library System

The Seattle Public Library

Hugo House

SmART Ventures

La Raza del Noroeste

El Siete días

Lazo's Studio

Photostories by Marissa Corona

Seattle Escribe

Misión: Unir al mayor grupo de personas interesadas
en desarrollar y promover la escritura creativa en español.
Visión: Ofrecer una plataforma para la escritura creativa
en español en Seattle y sus alrededores

www.seattle.escribe.org

Made in the USA
San Bernardino, CA
13 February 2018